図解 眠れなくなるほど面白い

神社の話

宗教史研究家
渋谷申博 著
NOBUHIRO SHIBUYA

神社とお祭りって
どんな関係があるの？

いちばん貴い神様は
アマテラスなの？

日本文芸社

はじめに

みなさんも初詣《はつもうで》に行かれることと思います。

うちは毎年お寺に初詣するよ、というところもあるでしょうが、多くの方は神社に行かれるのではないでしょうか。

実は初詣はそれほど古い行事ではなく、明治以降に広まったものであることが近年の研究で明らかになっています。

しかし、季節の変わり目や人生の節目などに神社にお参りすることは、日本古来の信仰に基づくものです。そうしたものの1つと考えれば、初詣も伝統的な信仰に基づく行事といえます。

そこで質問です。

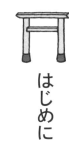

あなたは初詣に訪れる神社についてどの程度のことをご存じですか（初詣をされないというのであれば、よくお参りする神社のことを考えてください）。

そこにはどんな神様がお祀《まつ》りされているのでしょうか。いつからその場所でお祀りされているのでしょうか。どんな建物がありますか。鳥居や狛犬《こまいぬ》にはどんな意味があるのでしょうか。どんなお祭りが行なわれていますか。

もちろん、これらのことを知らなくても神社をお参りすることはできます。

これは、神道《しんとう》の大きな特徴といえます。

神社は真摯《しんし》に参拝しようとするすべての人に開かれています。

日本のことをよく知らない外国の人でも、神威《しんい》を感じて頭《こうべ》を垂れるなら、神様はきっとその人の願いに耳を傾けてくれるでしょう。

しかし、お祀りされている神様のこと、神社の施設のこと、そういったことを知っていれば、参拝はより楽しく、実り豊かなものになるでしょう。

神道は日本の風土のなかから生まれた信仰です。この風土のなかでよりよく生きるための知恵ともいえます。

神社のことを知るということは、こうした知恵を学ぶことなのです。

本書はそれを知るための言わば入口です。

これを読んで少しでも神社に興味をもたれたなら、実際に神社を訪れてその目で確認してみてください。きっと新たな発見があるはずです。

渋谷申博

２０２０年９月

『眠れなくなるほど面白い 図解 神社の話』目次

第1章 素朴な疑問でわかる神社のキホン

第2章 由来・祭神別 おすすめ神社

第3章 祭神を知れば、神社が楽しくなる

第4章

意外と知らないお祭りと神社の関係

カバー・本文デザイン　ISSHIKI（デジカル）
イラスト　カワチ・レン
編集協力　㈱風土文化社（大迫倫子）
写真提供　PIXTA、渋谷申博、久喜市商工会鷲宮支所

第1章

素朴な疑問でわかる神社のキホン

1 神社って何のためにつくったの？

神様を祀りやすくするため

日本の国土を開発したオオクニヌシ（大国主命）はスクナビコナ（少名毘古那神）をパートナーとして「国づくり」をしていたのですが、その最中にスクナビコナは常世《とこよ》の国へ去ってしまいます。

「これからどうやって開発を続けていけばよいのだ」と海辺で嘆くオオクニヌシの前に、海を照らしながら出現したのがオオモノヌシ（大物主神）でした。**オオモノヌシは自分を大和国（今の奈良県）の三輪山《みわやま》に祀《まつ》れば国づくりはうまくいくだろうと教えました。**

これが大神《おおみわ》神社の始まりとされます。

この話は『古事記』『日本書紀』に載っているものですが、『常陸国風土記《ひたちのくにふどき》＊』にはこんな話が収録されています。

昔、箭括《やはず》氏の麻多智《またち》という者が谷の葦原《あしはら》を開墾して田にしたところ、蛇の姿で角をもった夜刀《やと》の神が集まってきて耕作の邪魔をしました。怒った麻多智は矛《ほこ》で夜刀の神を山へ追い払い、里との境界に杖《つえ》を立ててこう言ったのです。

「ここから先は神の土地としよう。こちら側は人が田をつくる。私は神を祀る神主となるので、祟《たた》らないでほしい」

神社がつくられるようになる以前は祭場に神を迎えて祭りを行なっていたとされますが、**神社があればいつでも神に祈りを捧げることができますし、違う神様を招いてしまう心配もありません。また、神様の領域（聖域）がはっきりわかりますので、うっかり侵犯《しんぱん》して祟りを受ける心配もありません。**

また、古代の人にとって強い神を祀っているということは、自分たちの勢力の強大さを示すことでもありました。それを視覚的に示す上で、神社は重要な意味をもっていたと思われます。

用語解説

＊**風土記**　日本各地の地形・産物・伝承などを記した地誌。713年の詔《みことのり》により各国の国司《こくし》が編纂《へんさん》した。常陸国は現在の茨城県の大部分。

神社は神様のための場所

神社がつくられた目的

①人間が侵犯《しんぱん》しない、神のための場所を確保

②神に奉仕し、神の意志を知るための場所

③祭祀者を明確にし、その力を誇示する

2 いちばん貴い神様はアマテラスなの？

いちばん貴い神様だが、知らない人が多かった

平安中期の女流日記文学の1つ『更級《さらしな》日記』に、こんな一節があります。

「天照大神《あまてらすおおみかみ》を信心しなさいと言われたけれど、どこにいらっしゃる神仏なのかもわからない。人に尋《たず》ねてみると、『神様ですよ。伊勢にいらっしゃいます。紀野国《きいのくに》の国 造《くにのみやつこ》がお祀りをしています。宮中の内侍所《ないしどころ》*でもお祀りされています』と教えてくださった」

貴族の娘である菅原孝標女《すがわらのたかすえのむすめ》がアマテラス（天照大神）を「どこにいらっしゃる神仏かわからない」と言っているのに驚かれたのではないでしょうか。**実は平安貴族にとって、アマテラスは親しみある神様ではなかったのです。**

そのことを理解するヒントは、彼女にアマテラスのことを教えてくれた人の言葉にあります。

アマテラスが伊勢におり内侍所で祀られているということは、伊勢神宮のご祭神であり、皇祖神《こうそしん》（天皇の祖先神）として宮中で祀られていることを示しています。紀伊国造が祀っているとは、和歌山市の日前《ひのくま》・國懸《くにかかす》神宮のことを指しています。

伊勢神宮のことだけではなく日前・國懸神宮のことも教えたのは、伊勢神宮が天皇以外の参拝を禁じていたためだと思われます。

神々のなかでもっとも貴い神で天上（高天原）を治めているアマテラスは、天皇などごく一部の人のみが祀ることができる神様だったのです。それゆえ、貴族には親しみのない存在だったのです。

神々の天皇ともいうべきアマテラスですが、最強というわけではありません。強いということであればタケミカヅチ（武甕槌神）といった武神《ぶしん》がいます。アマテラスはそれらの神に命じて天地を平定したり統治したりするのです。

用語解説

*内侍所　宮中の施設の1つ。天照大神を祀る賢所《かしこところ》などがあった。今の宮中三殿（P48 参照）に相当する。

日本人にとってのアマテラスの存在とは

アマテラスは日本の神々の頂点に立つ神だが、
日本人の誰もが知っている神ではなかった！

かつては氏族の祖神（祖先神・氏神）や
地域の守り神を祀り、ほかの氏族の神や
他地域の守り神を参拝することはなかった。

3 神社のご神体って神様なの？

ご神体は神霊が宿る〝もの〟で神様そのものではない

お寺の場合、本堂に入れば正面奥の壇《だん》に仏像が安置されているので、秘仏でないかぎりそのお寺の本《ほん》尊《ぞん》が何であるのかすぐにわかります。

ところが、**神社の場合、ご祭神《さいじん》が祀られている本殿の中を拝見することはできません。**それどころか、本殿そのものさえ拝殿に隠されてその外見を拝することもままならいことも少なくありません（それについては第10項で述べます）。

仮に本殿に入ることが特別に許可されたとしても、そこに祀られているのがどんな神様なのか、きっとわからないはずです。

なぜなら、そこに奉安《ほうあん》されているのは鏡や剣《つるぎ》であったりするからです。

この本殿に奉安されている鏡や剣がご神体（御霊《みたま》代《しろ》ともいいます）です。

神様は霊的な存在なので、神様が見せようとなさらないかぎり、人はその姿を見ることができません。そこでお祀り（お祭り）を行なう際には、**神霊が宿るための依《よ》り代《しろ》を用意します。**

野外でのお祭りのように祭事がすんだ後、神様にお帰りいただく場合は神籬《ひもろぎ》という仮設の依り代が用いられますが、神社の場合はずっといていただくためのものなので宝物《ほうもつ》に準じるものが依り代とされます。これがご神体です。

どのようなものをご神体とされるかは、その時々の事情によって異なるので一様ではありません。鏡・剣・勾玉《まがたま》が一般的ですが、神像《しんぞう》*や御幣《ごへい》ということもあります。

なかには山や滝をご神体とする神社もあります（奈良県の大神《おおみわ》神社や埼玉県の金鑽《かなさな》神社、和歌山県の飛瀧《ひろう》神社など）が、それらは建物に入らないので本殿はつくられません。

用語解説

*神像　神像は仏教の影響がみられることから、明治時代の神仏分離《しんぶつぶんり》の際に社殿内から撤去した神社が少なくない。

ご神体は神様の分身

代表的なご神体

- 鏡
- 剣
- 勾玉
- 神像
- 御幣

自然物のご神体

- 山
- 滝
- 井戸（泉）
- 巨石

4 龍や蛇も神様なの?

神様のこともあるが、神様の仮の姿のこともある

龍神《りゅうじん》や蛇神《へびがみ》を祀《まつ》ったという神社が日本の各地にあります。しかし、その意味は神社によって異なるので注意がいります。

神奈川県の江の島に鎮座《ちんざ》する江島《えのしま》神社に伝わる『江島縁起』によると、昔、この地には頭が5つある龍がいて、猛威をふるっていたそうです。そこに美しい天女が現れ五頭龍《ごずりゅう》を諭《さと》したところ、天女に恋した五頭龍は行為を改め、山に姿を変えたそうです。この五頭龍を祀っているのが鎌倉市の龍口明《りゅうこうみょう》神社です。

この場合は、龍そのものを神社で祀っているわけですが、大神神社で祀られるオオモノヌシは少々様子が違うようです。

『日本書紀』によると、オオモノヌシは孝霊《こうれい》天皇の皇女ヤマトトトビモモソヒメのもとに通っていましたが、それがいつも夜のことでしたので姫は明るいところで姿を見たいと申しました。ところが、神が見せた姿は小さな美しい蛇でした。

『日本書紀』は雄略《ゆうりゃく》天皇が三輪山の神（先述のようにオオモノヌシは三輪山に鎮座していました）を捕まえさせた話も載せています。それによると、捕まった神は雷鳴のような声を出し目を輝かせる大蛇だったそうです*。

ところが、国づくりの神であるオオクニヌシの前には、海を照らす神々《こうごう》しい姿で現れています。

どちらが本当の姿でしょうか。蛇の姿は人間に見せるための仮の姿なのかもしれません。

なお、**神様によっては蛇やキツネ、シカなどをお使い（神使《しんし》）としていることもあります**（第12項参照）。**神社によっては、この神使も信仰の対象となっていることがありますが、神使はあくまでもお使いで神様ではありません。**

用語解説

＊平安初期の説話集『日本霊異記《りょういき》』では、この話は雄略天皇が雷神を捕らえさせる話となっている。

神様は変幻自在！

オオモノヌシ

丹塗《にぬ》りの矢になって、セヤダタラヒメの陰部を突く。

「本当の姿を見せて」というヤマトトトビモモソヒメの願いに対して、小蛇の姿になって現れた。

雄略《ゆうりゃく》天皇の御代に、少子部連蜾蠃《ちいさこべのむらじすがる》が捕まえた三輪山の神（オオモノヌシ？）は大蛇だった。

ほかにも姿を変えて人前に現れる神様はいる

住吉神は老人の姿、八幡神《やはたのかみ》は子どもの姿で人前に現れて託宣《たくせん》をした。トヨタマヒメはワニ（サメ）の姿に戻って出産した。このように、神様が人に姿を見せる時は、さまざまな姿になる。

5 犬や猫の神社があるって本当？

本当。小さな神社が各地にある

神社は神様を祀るための場所ですが、祀られるのは神様だけではありません。多くの人から崇敬されたり、恐れられたりした人も神様として祀られることがあります。また、**人間に大きな貢献をしたり、人間のために犠牲になった生きものを祀ることもあります。**

神として祀られた人については第8項で述べますので、ここでは生きもの、なかでも人間にもっとも近しい存在である犬猫のことについてお話ししたいと思います。

まず、猫ですが、今は愛玩《あいがん》のために飼う人がほとんどでしょう。しかし、かつては実用のために飼う人が多かったのです。

すでにお気づきと思いますが、ネズミの被害を防ぐためです。

ネズミは食料品を食べたり病原菌をまき散らしたりするだけではなく、貴重な文書や社寺の彫刻を噛んで壊したりするのです。また、農家の重要な収入源である蚕《かいこ》を食べてしまったりします。

そのため、**養蚕《ようさん》地域などでは、猫はとくに大切にされました。蚕を守る神様として祀っているところも少なくありません。**

変わったところでは厳しい経営を立て直したということで祀られた猫もいます。和歌山電鐵《でんてつ》・貴志《きし》駅の駅長を務めた三毛猫のたまです。

番犬のほか狩猟などでも活躍する犬も、各地で祀られています。静岡県磐田《いわた》市の霊犬《れいけん》神社や山形県高《たか》畠《はた》町の犬の宮のように、**人々を苦しめた妖怪を退治した英雄犬を祀っているところもあります。**

なお、武蔵御嶽《むさしみたけ》神社（東京都青梅市）など、「お犬様」のお札*を授与している神社が関東周辺にありますが、正確には犬ではなくオオカミです。

用語解説

* **お犬様のお札**　大口《おおぐちの》真《ま》神《がみ》の神札ともいう。魔除け・盗難除けなどの霊験《れいげん》があるとされる。

犬や猫を祀る神社

犬を祀る神社

- 伊奴《いぬ》神社（愛知県名古屋市）
- 霊犬《れいけん》神社（静岡県磐田市、矢奈比賣神社《やなひめじんじゃ》境内社）
- 老犬《ろうけん》神社（秋田県大館市）
- 犬の宮（山形県高畠町）

伊奴寝子社《いぬねこしゃ》（座間神社）

猫を祀る神社

- 猫神《ねこがみ》神社（鹿児島市吉野町）
- 猫の宮（山形県高畠町）
- 黒猫大明神（長野県松代町）
- たま神社（和歌山県紀の川市、貴志駅構内）
- 猫神社（岩手県遠野市、遠野八幡宮境内社）

武蔵御嶽《むさしみたけ》神社の大口真神《おおくちのまがみ》の神札

犬猫を守る神社

- 伊奴寝子社（神奈川県座間市、座間神社境内社）

たま神社。長年、貴志駅の駅長として愛された三毛猫「たま」の御霊を祀っている。

お犬様のお札の神社

- 武蔵御嶽《むさしみたけ》神社（東京都青梅市）
- 寳登山《ほとさん》神社（埼玉県長瀞町）
- 三峯《みつみね》神社（埼玉県秩父市）

6 日本には神社がいくつあるの？

文化庁の統計では約8万社だが、実際にはもっと多い

神社の数を把握するのは容易ではありません。**全国の神社数がわかるものとしては、文化庁が毎年発行している『宗教年鑑』と、全国の神社を統括している包括《ほうかつ》宗教法人の神社本庁のホームページがあります。**

神社本庁のホームページによると、神社本庁は「全国8万社の神社を包括する組織として昭和21年に創設」されたそうです。

話が横道にそれますが、ここで包括宗教法人と被包括宗教法人・単位宗教法人のことについて、お寺を例に説明しておきたいと思います。

日本のお寺の大部分は、天台宗《てんだいしゅう》・曹洞宗《そうとうしゅう》といった宗派に属しています。これらの宗派を包括宗教法人といい、個々のお寺は単位宗教法人といいます。また、個々のお寺はそれぞれ宗派に属しているので、被包括宗教法人でもあります。宗派に属していない場合は単立宗教法人と呼びます。

神社では神社本庁と各都道府県の神社庁が包括宗教法人となります。ただし、神社本庁には属さない神社もあります。

さて、神社の数に戻りますと、**令和元年版の『宗教年鑑』には8万826社と記されています。**

これは宗教法人として登録された神社の数です。すなわち、**単位宗教法人である各神社と、包括宗教法人である神社本庁と各都道府県の神社庁などを総計したもの**になります。

統計としては正確なものと思われますが、この数字には宗教法人とはなっていない路傍《ろぼう》の祠《ほこら》などは含まれていません。

どこまでを神社として数えるかという問題もありますが、私たちが神社と思っているもの＊は『宗教年鑑』の数よりも多いことは確かでしょう。

用語解説

＊**神社と思っているもの**　愛知県豊川市にある豊川稲荷は一見神社のようであるが、曹洞宗の寺院である。

都道府県別神社の数

総数：8万826社

北海道	792
青森県	885
岩手県	867
宮城県	942
秋田県	1,145
山形県	1,744
福島県	3,053
茨城県	2,490
栃木県	1,916
群馬県	1,214
埼玉県	2,022
千葉県	3,171
東京都	1,453
神奈川県	1,139
新潟県	4,687
富山県	2,277
石川県	1,875
福井県	1,709
山梨県	1,283
長野県	2,457
岐阜県	3,266
静岡県	2,842
愛知県	3,354
三重県	841

滋賀県	1,443
京都府	1,757
大阪府	723
兵庫県	3,855
奈良県	1,382
和歌山県	441
鳥取県	825
島根県	1,171
岡山県	1,649
広島県	2,727
山口県	751
徳島県	1,311
香川県	800
愛媛県	1,246
高知県	2,168
福岡県	3,408
佐賀県	1,105
長崎県	1,324
熊本県	1,388
大分県	2,114
宮崎県	674
鹿児島県	1,126
沖縄県	14

※『宗教年鑑　令和元年版』より一部転載。

なんと新潟県が第１位！　村落の神社が今も多く残されていることなどが理由と考えられる。

※個人や町内などで管理している神社などは宗教法人として登録されていないので、上記の数には含まれていない。したがって、神社の実数はこれよりはるかに多い。

7 神社にも格式があるって本当？

各時代ごとに社格制度があったが、現在は用いられない

　由緒ある神社をお参りした時、参道の入り口に石碑が立っているのに気づいたことがあると思います。

　これを社号標《しゃごうひょう》というのですが、そこには神社名に加えて「官幣《かんぺい》大社」とか「式内社《しきないしゃ》」、あるいは「〇〇国一宮《いちのみや》」といった文言が刻まれていることがあります。

　これらは神社の格式、社格《しゃかく》を表すものです。

　古代の日本では、神社は政治のうえでも重要な意味をもっていました。神社への信仰が地域や氏《し》族《ぞく》を結束させていたからです。このため大和朝廷は全国の主要な神社を神祇官《じんぎかん》の管轄下におくことにしました。これを官社《かんしゃ》といいます。

　官社に関するもっとも古い記録は『延喜式《えんぎしき》』＊の「神名帳《じんみょうちょう》」です。ここには2861社が記されており、これを「式内社」と呼んでいます。

　当初、朝廷はすべての官社を直接管理しようとしましたが、遠方の神社は都の神祇官に出仕《しゅっし》するのが大変なため、しだいに幣帛《へいはく》（祭神に捧げる供物）を受け取りに来なくなりました。

　このため神社を神祇官が管理する官幣社と、国司《こくし》が管理する国幣社《こくへいしゃ》に分けることにしました。これを官国幣社制度といいます。官幣社・国幣社はその規模により、それぞれ大社《たいしゃ》と小社《しょうしゃ》に分けられました。

　なお、明治政府も官国幣社制度を用いましたが、こちらは大社・中社《ちゅうしゃ》・小社に分けています。

　官国幣社制度は朝廷の勢力が衰えるにつれて機能しなくなり、これに代わって用いられるようになったのが一宮《いちのみや》制度です。これは古代の行政単位である国ごとに神社の社格を定め一宮・二宮・三宮……とするものです。ただし、国によって制度の整備具合は違っていました。

用語解説

＊**『延喜式』** 927年に成立した法律（律令）の施行細則集《しこうさいそくしゅう》。

神社の社格

官国幣社《かんこくへいしゃ》

・官幣社（朝廷が奉幣する）── 大社 / 小社

・国幣社（国司が奉幣する）── 大社 / 小社

伊勢神宮など特別な由緒をもつ神社は別格として扱われた。

明治時代に制定された近代社格制度では官幣社・国幣社それぞれに中社があり、全部で9ランクとなっていた。

式内社・名神大社《みょうじんたいしゃ》

式内社には『延喜式』の「神名帳」に記載された神社のこと。
名神大社は式内社のうちでとくに霊験著しいとされた神社。

国史現在社

六国史《りっこくし》（『日本書紀』『続日本紀《しょくにほんぎ》』『日本後紀』『続日本後紀』『日本文徳天皇実録』『日本三代実録』）に名が記載された神社。

一宮《いちのみや》

古代の行政単位である国ごとに定められたもっとも格式ある神社。

別表《べっぴょう》神社

第二次大戦後、それまでの社格制度は廃止されたが、神社を包括する神社本庁は特別な由緒をもつ神社を規定の別表に掲載している。これを別表神社といい、現在350社ほどある。

8 氏神神社・産土神社・人神神社って何のこと?

氏族の守り神・土地の守り神・神となった人を祀る神社

第2項で伊勢神宮は天皇以外の参詣《さんけい》を禁止していたことを述べましたが、これは古代の神社ではとりわけ特別なことではありませんでした。

古代においては氏族ごとに祖先神＊あるいは守り神を祀っていました。そうした神社はその氏族の者以外は参拝しませんでした。その氏族を守る神様ですから、よそ者がお参りをしてもご利益《りやく》はありませんし、祟りを受けるかもしれないからです。

こうした**特定の氏族の祖先神・守り神のことを氏《うじ》神《がみ》**といいます。

これに対して**産土神《うぶすながみ》は生まれた土地の神様のこと**をいいます。氏神のように特定の氏族を守るのではなく、特定の地域を守るのです。

このように氏神と産土神は異なるものですが、中世の武士たちが結束を固めるために守護する土地の神を氏神として崇敬したことから、両者は混同されるようになりました。

現在も一定地域を守る神という意味で氏神が使われています。それらの地域を氏子《うじこ》区域といい、そこに住む者はその神社の氏子となります。

氏子は氏神から生涯にわたって見守っていただく代わりに、氏神神社の神事・祭事に奉仕し、維持発展に努めるのです。

人神《ひとがみ》神社は実在した人を神様として祀る神社のことです。菅原道真《すがわらのみちざね》を祀る北野天満宮や太宰府天満宮、徳川家康を祀る東照宮が有名です。

かつては神と人は厳しく区別されていて、人を神社で祀ることはありませんでした。しかし、奈良時代頃から怨《うら》みを抱いて死んだ人が祟りをなすと考えられるようになり、神として祀るようになりました。さらに**人並み外れた事績を残した人も祀るようになった**のです。

用語解説
＊**祖先神**　中臣・藤原氏のアメノコヤネ、物部氏のニギハヤヒなどが有名。

神様の種類

氏神《うじがみ》様

特定の氏族の祖先神・守り神

産土神《うぶすながみ》様

特定の土地の守り神

人神《ひとがみ》様

実在した人が神様として祀られている

菅原道真

徳川家康

9 神社の境内には何があるの？

——本殿・拝殿・神楽殿（舞殿）・摂社・末社などがある

お寺に比べて神社は見所が少ない＊と思っていませんか。

実は筆者もそうでした。

しかし、それは誤解です。

正しい知識をもって眺めてみれば、見所がいっぱいあることがわかるはずです。

宗教建築・美術として興味深いだけではなく、地域の歴史や文化もそこから読み解くことができるのです。

以下に一般的な神社の境内で見られるものの説明をしますが、鳥居と社殿が1つだけの小さな神社でも意外な発見があったりするものです。

見た目の大小にとらわれず、まずはお参りしてみてください。そして、その境内には何があるのか、よく観察してみてください。

では、一般的に神社には何があるのでしょうか。

参拝のルートに沿って説明していきましょう。

まず、**神社を訪れて最初に目にするのは鳥居《とりい》**です。

鳥居は神社のシンボルであり、境内と俗世との境界を示す結界《けっかい》であり、参拝者を参道に誘う聖なる門でもあります。鳥居については第11項でくわしく述べます。

参道の入り口から一の鳥居、二の鳥居と鳥居が続きますが、**神社によっては門も建っている**ことがあります。

これを神門《しんもん》といいます。

2階建てのものは楼門《ろうもん》ともいいますが、正確には2層目（最上部）のみに屋根があるのが楼門で、1層にも屋根があるものは二重門といいます。

神門の両脇間《りょうわきま》には、お寺の仁王《におう》像のように、神社を守る神様（随身《ずいじん》・随神）の像を安置することが

用語解説

＊**見所が少ない**　神社の境内がお寺の境内に比べて閑散《かんさん》として見えるのは、神仏分離の際に仏教的なものが撤去されたことによる面もある。

一般的な神社の境内

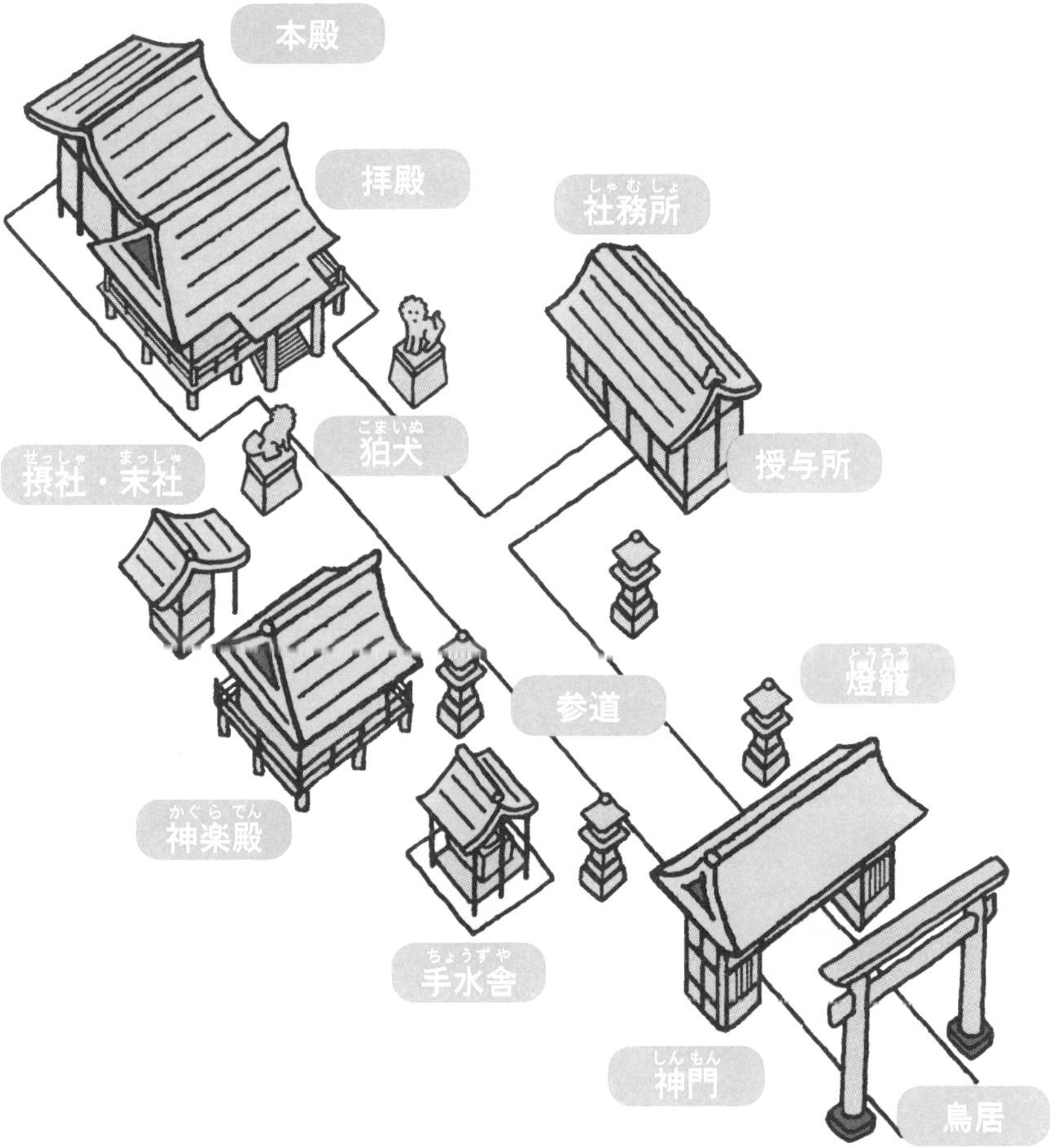

神社によって境内にあるものは異なる。まずは神社に足を踏み入れて探索をしてみるといい。

あります。このような門は随身（神）門とも呼ばれます。

境内に入ってすぐの場所に手水舎《ちょうずや》（「てみずや」ともいう）があります。参拝の前に手と口を清めるところです（第13項参照）。

参道の脇には神楽殿《かぐらでん》（舞殿《まいどの》ともいう）が建てられていることもあります。本殿のご祭神に芸能を捧げるための施設です。

神楽殿は参道の真ん中に建てられていることもありますが、このようなものの多くは拝殿も兼ねています。

神楽は本殿のご祭神に捧げるのですから、本殿に相対する位置にあるのが本来の姿でしょう。しかし、神楽などの芸能は参拝者たちも楽しみにしているものなので、神様も参拝者も見えるようにと、参道脇の位置が選ばれることが多いのです。

本殿の前で演じる場合は、神様に向かって演じますので、参拝者は演者の後ろ姿を見ることになってしまうからです。

そして、**参道はご祭神が鎮座する本殿とその前に建つ拝殿**に行き着きます。本殿と拝殿については次項で説明します。

神社の境内にあるのはこれだけではありません。**拝殿の前には狛犬《こまいぬ》が一対控えていて、境内を守っています。**稲荷神社ではキツネの像ですが、これは神様のお使い（神使《しんし》）です（第12項参照）。

参道の脇や本殿の周辺には、小さな社《やしろ》が建っていることが一般的です。これを摂社《せっしゃ》・末社《まっしゃ》といいます。

摂社と末社の区別には厳密な決まりはありませんが、摂社の方が大きく、本殿のご祭神と関わりのある神*が祀られていることが多いようです。

なお、境内の外にある摂社・末社を境外摂社・境外末社といいます。

神職が事務などを行なう建物は社務所《しゃむしょ》といい、神札などの授与所を兼ねることもあります。

神社によっては絵馬殿《えまでん》といって古い奉納絵馬を飾っている社殿があったりします。

このほか石灯籠《いしどうろう》、さまざまな記念碑、境内を囲う瑞垣《みずがき》なども要注目です。

用語解説
＊**本殿のご祭神と関わりのある神**　配偶神《はいぐうしん》や御子神《みこがみ》、祖神《おやがみ》など。かつて本殿に祀られていた神様のこともある。

社殿建築の大まかな分類

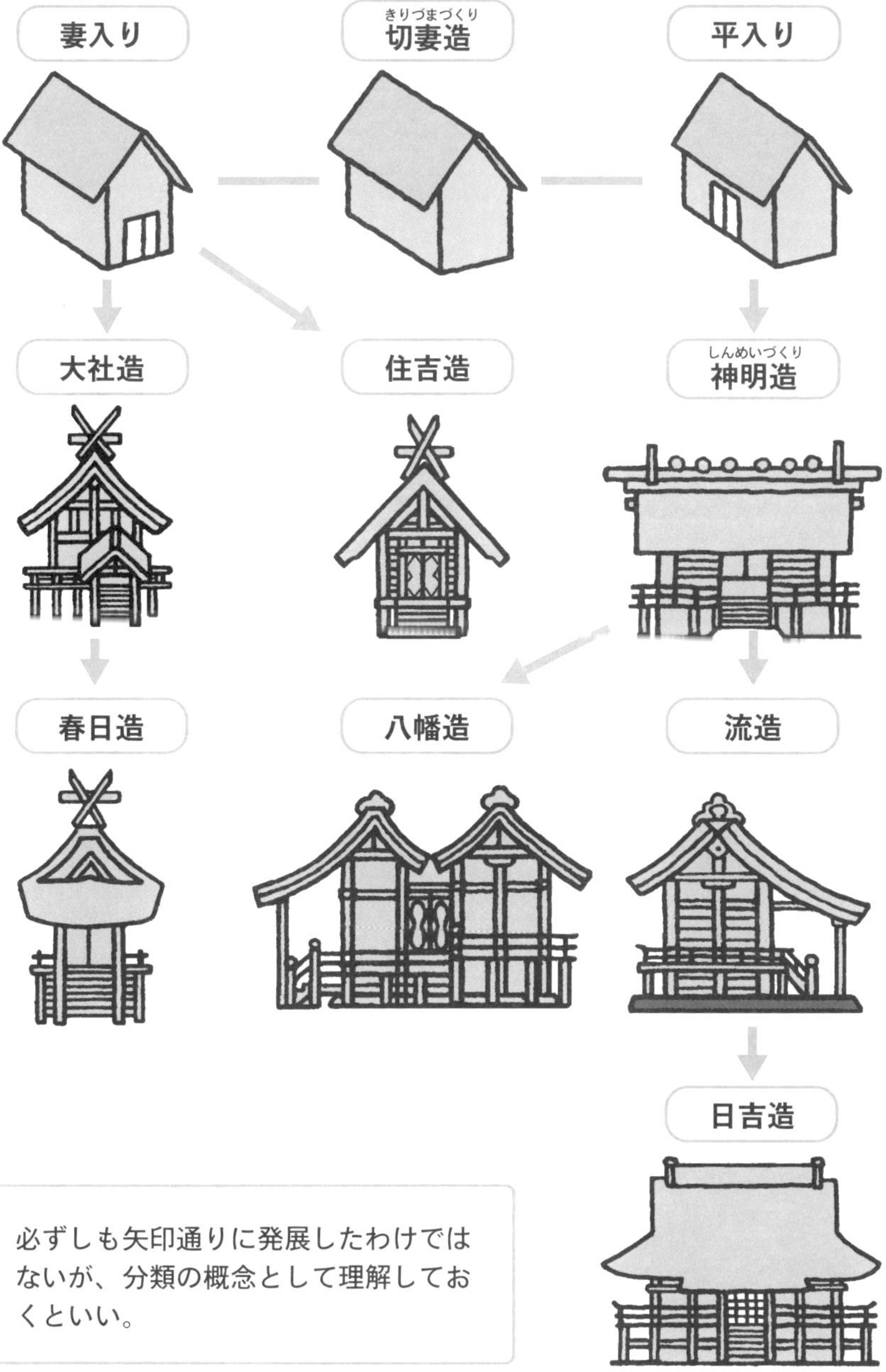

必ずしも矢印通りに発展したわけではないが、分類の概念として理解しておくといい。

10 本殿と拝殿はどう違うの？

本殿はご神体を奉安、拝殿は儀礼を行なう社殿

結論からいいますと、**本殿はその神社のご祭神の神霊が宿るご神体を奉安している社殿、拝殿はご祭神に対する儀礼を行なう社殿です。**

本書を読むまでもなく知っていたよ、という方もおられるかもしれませんが、本殿と拝殿は案外混同されることが多いので、あえてこのような見出しにしました。

混同されることが多いのは、拝殿が神社で1番大きく目立つ社殿であることが多いからです。

拝殿が大きく立派なのは、**拝殿が神社の顔**というべきものであることに加えて、団体での参拝や例大《れいたい》祭《さい》といった大きな行事にも対応できるようにする配慮からです。さらには**本殿を隠す**※**意味もあるのではないかと思います。**

日本古来の価値観では、神聖なものや高貴なものを目にするのは失礼だと考えます。かつては身分が高い人の前で平伏していたのも、こうした考えによるものです。

人が相手の場合でさえこれほど気を遣ったのですから、神様に対してはより丁重な配慮が必要なのは言うまでもありません。

その一方で**本殿には華麗な装飾がなされることもあります。金や漆《うるし》など高価な材料が惜しげもなく使われたりもしますが、これは神様を喜ばせるためのものですので多くの場合、拝見できません。**

本殿は建築様式にバリエーションがあることも特徴の1つです（前ページ参照）。岡山市の吉備津《きびつ》神社や静岡県富士宮市の富士山本宮浅間大社《ふじさんほんぐうせんげんたいしゃ》、群馬県富岡市の一之宮貫前《ぬきさき》神社のように、その神社にしかない様式ということもあります。建築様式は祀られる神様と関係あるのではともいわれますが、理由ははっきりしません。

用語解説

※**本殿を隠す**　神社によっては本殿が１番目立つように建てられていることもある。

本殿と拝殿の違い

本殿は神様がいらっしゃる場所。
そのため、人目につかないようにされていることが多い。

本殿

本殿はご神体が奉安される建物。すなわち、神様が鎮座される場所なので、参拝者は立ち入ることはおろか、内部をうかがうことも許されない。神社の長である宮司も滅多に入ることはない。

拝殿

拝殿は本殿に鎮座する神様を礼拝するための建物。本殿の前に建てられるが、まれに本殿と一体化していることもある。

※本殿がない神社、拝殿がない神社もある。

11 鳥居ってどんな意味があるの？

神社を象徴するとともに境内と俗界の境を示す

平安末期の12世紀後半、後白河法皇《ごしらかわほうおう》は宮廷や公家《くげ》の年中行事を詳細に記録した『年中行事絵巻』をつくらせました。

その巻十二は梅宮大社《うめみやたいしゃ》（京都市右京区）の梅宮祭で始まるのですが、巻頭部分の図には梅宮大社の一の鳥居が描かれています。絵巻をさらに見ていくと参道のまんなかあたりにも鳥居が立っていることがわかります。

なぜ絵巻の話から始めたかといいますと、**鳥居は古い遺構《いこう》が残っておらず**＊、**その起源が謎となっている**からです。

『年中行事絵巻』に描かれていることにより、12世紀の京都の神社には木造の鳥居があったことがわかります。

地図記号になっていることからもわかるように、**鳥居は神社を象徴する建築物**です。2本の柱と2本の横木からなる簡単な構造ですが、それだけに遠くからでもその存在を認められます。

また、**鳥居はそこから内が聖なる場所であることを示す結界**でもあります。扉などはありませんが、これがあることでみだりに入ってはいけない場所であることが明示されるのです。

このように神社には不可欠な鳥居ですが、起源や名前の由来などほとんどわかっていません。

古代には死者の霊は鳥の姿になると信じられたことと関係があるという説、インドのトラーナという門や中国の華表《かひょう》という標識が起源という説がありますが、いずれも立証されていません。

なお、鳥居は簡単な構造ながらバリエーションは豊富です。**大きく分けると簡素な神明《しんめい》系と装飾性が高い明神《みょうじん》系の2種があります**。参拝した神社の鳥居がどの形式か調べてみるのも楽しいです。

用語解説

＊**古い遺構が残っておらず**　現存最古の鳥居は山形県最上《もがみ》地方にある石づくりのもので平安後期の作と考えられている。

鳥居の部位の名称と種類

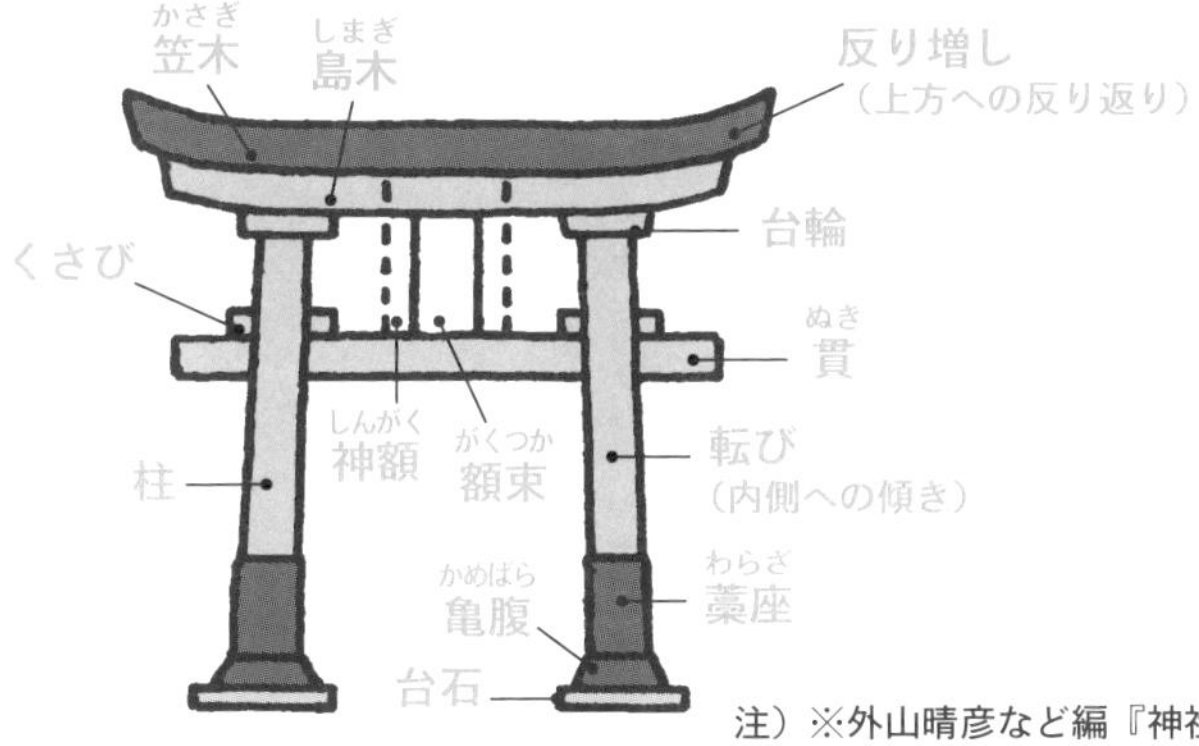

注）※外山晴彦など編『神社の見方』（小学館）を参考に作図

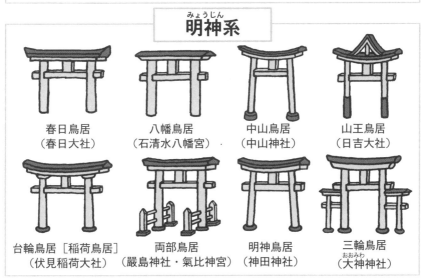

神明系《しんめい》

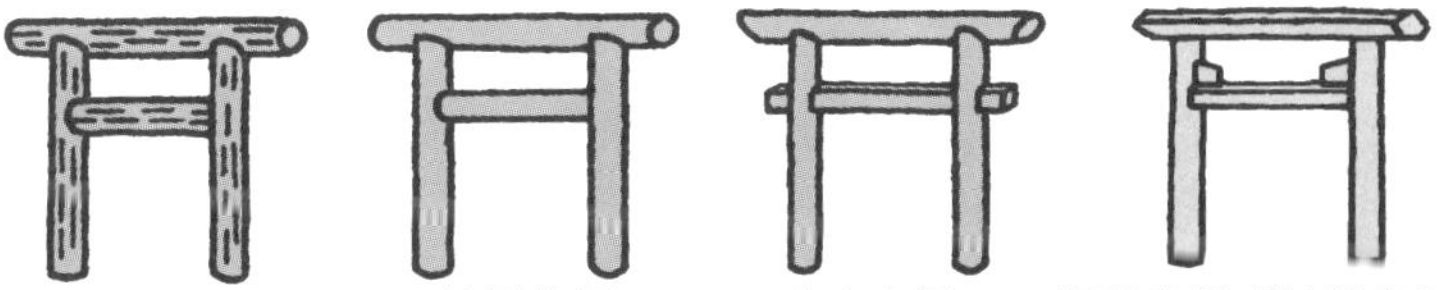

黒木鳥居（野宮斎院・伊勢斎宮）

靖国鳥居（靖国神社）

鹿島鳥居（鹿島神宮）

伊勢鳥居［神明鳥居］（伊勢内外宮・熱田神宮）

明神系《みょうじん》

春日鳥居（春日大社）

八幡鳥居（石清水八幡宮）

中山鳥居（中山神社）

山王鳥居（日吉大社）

台輪鳥居［稲荷鳥居］（伏見稲荷大社）

両部鳥居（厳島神社・氣比神宮）

明神鳥居（神田神社）

三輪鳥居（大神《おおみわ》神社）

注）※参考：『神道用語の基礎知識』鎌田東二編著（角川書店）

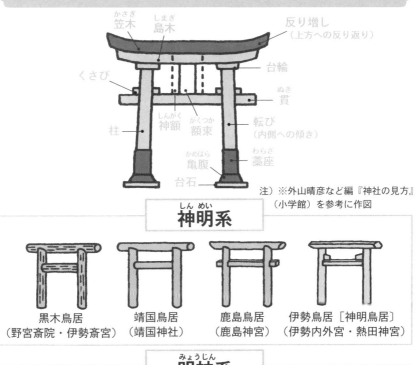

12 狛犬とキツネはどんな役割を果たしているの？

狛犬は神社の守護、キツネは稲荷神のお使い

狛犬《こまいぬ》とはどんな犬なのでしょう。

昭和初期では小学校の国語の教科書に「コマイヌサン　ア、コマイヌサン　ウン」と書かれていたそうです。

これは狛犬が、口を開けた阿形《あぎょう》と口を閉じた吽《うん》形《ぎょう》で一対※になっていることを示しています。

狛犬とは「高麗犬《こまいぬ》」の意味です。この場合の「高麗」は朝鮮半島の国のことではなく、外国という意味です。つまり、**外国から伝えられたもの**ということです。

はっきりしたことはわかっていませんが、古代オリエントで神殿を守る霊獣《れいじゅう》として置かれていた獅子像が中国を経由して仏教とともに日本に伝わり、狛犬になったとされます。

神社につきものの狛犬が仏教とともに伝わったというのは意外ですが、たしかに唐時代の如来三尊《にょらいさんぞん》仏龕《ぶつがん》（石造の三尊仏のレリーフ）などを見ますと、仏の足下に一対の獅子が彫られています。

実は狛犬も阿形の方が獅子だとされます。口を閉じ角をもつ（角がないものもある）吽形が、狭い意味での狛犬です。

こうした**狛犬は神社に悪しきものが入らないよう見張っています。**

一方、稲荷神社では狛犬の代わりにキツネの像が安置されています。それらの**キツネは境内を守っているのではなく、ご祭神である稲荷神のお使い（神使）なので境内に控えているのです。参詣者とご祭神をとりもつ役目ともいえます。**

こうした神使は神社・神様ごとに異なり、天満宮のウシ、日吉大社のサル、八幡宮のハトが有名です。奈良にシカが多いのは、春日大社の神使として大切にされてきたからです。

用語解説

※**阿形と吽形**　「ア」「ウン」はインドの聖典に用いられるサンスクリット語の最初と最後の字。英語のＡ・Ｚに当たる。

いろいろな神使

キツネ	稲荷神社
ウシ	天満宮・天神社
シカ	鹿島神宮・春日大社
サル	日吉大社・日枝神社
ハト	八幡宮・八幡神社
カラス	熊野三山・羽黒山神社 （熊野三山は八咫《やた》烏《がらす》）
ウナギ	三島大社
ネズミ	オオクニヌシ
オオカミ（御犬様）	ヤマトタケル
ウミヘビ	出雲大社
イノシシ	護王神社・和気《わけ》神社

代表的な神使であるキツネの像は宝蔵のカギや願い事をかなえる宝珠をくわえていることがある。

狛犬は神社のガードマン

吽形《うんぎょう》（狛犬）

阿形《あぎょう》（獅子）

13 どうして参拝の前に手と口を清めるの？

全身を洗い清める禊をするのは大変だから

第9項で述べたように、神社の境内の入り口付近に手水舎《ちょうずや》が設置されています。お寺でも見かけますが、これは神社からお寺に伝わったものです。**神社をお参りする際には、まず手水舎で手と口を清めるのが基本的な作法の1つです。**

なぜ手と口を清めるかというと、日本の神様は穢《けが》れを嫌われるからです。どの宗教の神様も清浄を好まれるものでしょうが、**日本の神様はとりわけ穢れを忌《い》み嫌います**＊。

それゆえ、本来は海水や川などに全身を浸して身を清める禊《みそぎ》をしてから参拝をするものでした。

今も島全体が宗像大社《むなかたたいしゃ》の沖津宮《おきつみや》の境内となっている沖ノ島（福岡県宗像市）は、上陸する前に浜で禊をしなければなりません（ただし、一般の人は原則上陸禁止）。

しかし、**禊をするには裸にならなければなりません、多くの人が同時に行なうのも難しいので、手と口を清めることでこれに代えるようになったのです。**

ちなみに、**初めて禊を行なったのは、日本の国土を生んだイザナギ（伊邪那岐命）**であったとされます。

イザナギはともに国生み・神生みを行なった妃のイザナミ（伊邪那美命）を生き返らせようと黄泉《よみ》の国（死者の国）へ迎えに行きますが、すでに黄泉の国の住人となってしまったイザナミの真の姿を見て驚き、地上へと逃げ帰ります。

そして、**黄泉の国で穢れた体を清めるために海で禊をしたのです。**

『古事記』によれば、この時に左の目からアマテラス、右の目からツクヨミ（月読命）、鼻からスサノオ（須佐之男命）が生まれたといいます。

用語解説

＊**穢れを忌み嫌う**　日本の神様のなかでも厠神《かわやがみ》（便所神）のように穢れを厭《いと》わない神様もいる。

手水《ちょうず》の作法

1

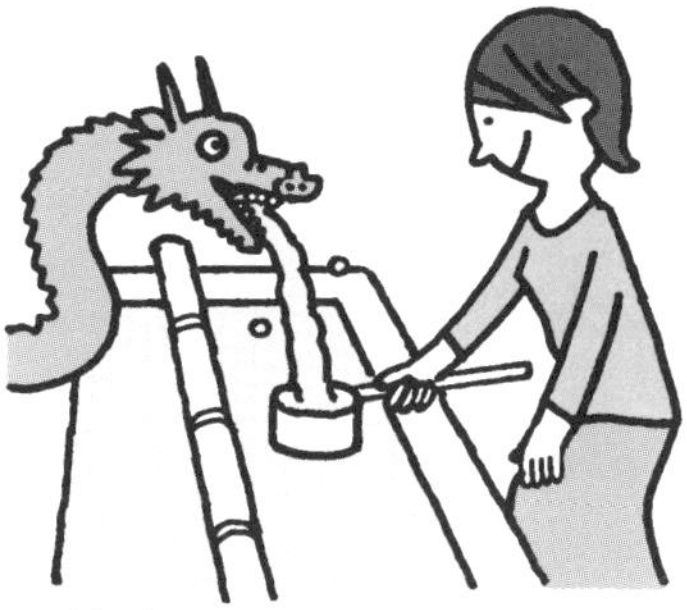

右手に柄杓《ひしゃく》をもって水を汲む。この１杯で⑤までを行なう。

2

左手に水をかける。その後、柄杓を左手にもち替え、右手にかける。

3

柄杓を右手にもち替え、左手で一口分の水を受ける。

4

その水で口をすすぐ。その後、左手に水をかける。

5

柄杓を立て、残った水で柄を洗う。柄杓を柄杓置きに伏せて戻す。

黄泉《よみ》の国（死者の国）から戻ったイザナギは、身を清めるために海に入って穢れを落とした。これが禊の始まりとされる。このことから、神前に進む時（参拝・神事に関わる）は禊をするようになった。しかし、参拝のたびに禊をするのは大変なので、手水で手と口を清めることで禊の代わりとするようになった。

14 参拝作法はなぜ二拝二拍手一拝なの？

戦後にこの形に統一されたから

神社へのお参りの仕方＊は大きく2種類に分けられます。**拝殿の前で鈴を鳴らし、お賽銭《さいせん》を奉納して行なう一般的な方法と、拝殿に昇殿《しょうでん》して奉呈《ほうてい》して行なう正式参拝です。いずれの場合も二拝二拍手一拝《にはいにはくしゅいちはい》の作法で拝礼をします。**

より丁寧に行なう場合は、二拝二拍手一拝の前後に会釈《えしゃく》（揖《ゆう》といいます）をします。

実は近世までは作法が定まっておらず、さまざまな作法で参拝が行なわれていました。そのなかで比較的普及していたのが両段再拝《りょうだんさいはい》でした。

両段再拝とは両段（二度頭を下げること）を二度繰り返すことをいいます。今の作法に倣《なら》えば二拝二拝ということになります。

これをもとに**明治時代に二拝二拍手一拝の作法が考案され、戦後になってこれが正式な作法として広まった**のです。

もともと拍手は高貴な人に対して敬意を示す礼法でした。すでに『魏志倭人伝《ぎしわじんでん》』（邪馬台国《やまたいこく》について記された中国の歴史書、3世紀に成立）にも、倭人の礼法として拍手のことが記されています。

貴人に対する礼法としての拍手は平安時代には廃《すた》れてしまいましたが、神社の参拝作法として残り、今に伝わっているのです。**伊勢神宮の神職が行なう八開手《やひらで》という作法は、古代の最高の礼法に由来する**ものといわれています。

今も特殊な参拝法を伝えている神社もあります。出雲大社もその1つで、二拝四拍手一拝が正式な参拝法となっています。

なお、参拝の際の拍手を柏手《かしわで》ともいいますが、これは「拍手」の「拍」を「柏」と誤記したことによるとされます。

用語解説

＊**神社へのお参りの仕方**　参道の中央（正中《せいちゅう》）は神様が通るところなので避けるのも作法。

二拝二拍手一拝のやりかた

1

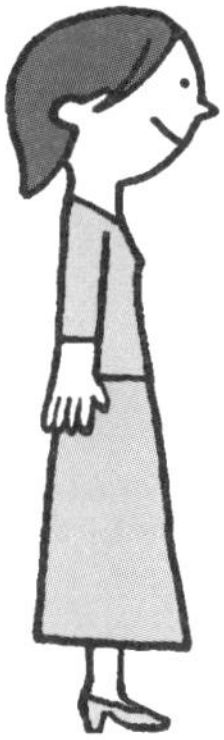

神前に進み姿勢を正す。

2

正しい姿勢のまま、腰を90度に折り、２回深いお辞儀をする。

3

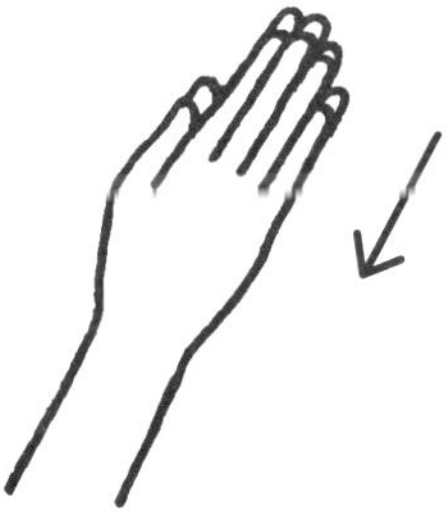

胸の高さで両手を合わせ、右指先を少し下にずらす。

4

肩幅に両手を開き、２回手を打ち合わす。

5

ずらした指先を元に戻し、最後にもう一度深いお辞儀をする。

二拝四拍手一拝が正式な参拝法である神社

・出雲大社（島根県出雲市）
・宇佐《うさ》神宮（大分県宇佐市）
・彌彦《いやひこ》神社（新潟県西弥彦村）

15 祝詞って何を言っているの？

神様からのお言葉、または神様へのお願い

神社での神事や地鎮祭《じちんさい》などの時に、斎主《さいしゅ》（神事を司《つかさど》る神職のこと）が折りたたんだ大きな紙を広げ、厳かな口調で読み上げているのをご覧になったことがあると思います。

この読み上げているものが祝詞《のりと》です（「しゅくし」と読んでしまうと意味が違ってしまうので注意してください）。

何かありがたいことを唱えているようだけど、ちっともわからないなと思われたかもしれません。

祝詞は「大祓詞《おおはらえのことば》」*など名文といわれるものも多いのですが、古い日本語をもとにしていますので言葉遣いが難しいうえ、参列者ではなく神様に向かって唱えているので、どうしてもわかりにくくなってしまいます。

祝詞は斎主と神様の対話ということができます。

祝詞には宣下体《せんげたい》（宣命体《せんみょうたい》）と奏上体《そうじょうたい》の2種類があり、前者は神様から人間へのお告げ、後者は神様への感謝やお願いを述べたものです。方向性は正反対ですが、いずれも神様と人間のコミュニケーションを表したものといえるでしょう。

現在の神社で唱えられているものは、ほとんどが奏上体の祝詞です。

『古事記』『日本書紀』の神話によれば、**祝詞の起源はアマテラスが天岩屋《あまのいわや》に隠れた時にさかのぼる**といいます。

スサノオの横暴な行為に腹を立てたアマテラスは天岩屋に身を隠してしまいます。すると、天地はまっ暗になり、さまざまな災いが起こりました。困った神々は岩屋の前で祭りを行ない、アマテラスを誘い出そうとしました。この時にアメノコヤネ（天児屋命）が岩屋の前で唱えた布刀詔戸言《ふとのりとごと》が起源だとするのです。

用語解説

*＊***大祓詞**　6月30日と12月31日に行なわれる大祓（半年の罪穢れを払う神事）で唱えられる祝詞。

祝詞《のりと》には2つの意味がある

宣下体《せんげたい》　神様からの言葉を伝えるための祝詞

奏上体《そうじょうたい》　神様に願い事などを伝えるための祝詞

祝詞奏上《そうじょう》の時の作法

斎主（神事・祭を主宰する神職のこと）が祝詞を奏上している間は、上体を60度傾けて敬礼する。私語や撮影などは厳禁。

16 神主さんにも位があるの?

ある。位によって神社での役職や装束が変わる

小説やマンガ・アニメなどで陰陽師《おんみょうじ》が活躍するものが増えたこともあって、最近は神主*（神職）のコスプレも人気のようです。しかし、狩衣《かりぎぬ》を着て烏《え》帽子《ぼし》をかぶり、笏《しゃく》を手にしても神職になれるわけではありません。

神職になるためには國學院大學や皇學館大学などの養成機関で専門の勉強・研修を受けるか、神社本庁の試験に合格する必要があります。

そうして神職としての資格を得ることができるわけですが、その**資格（階位）にも5つのランクがあります**。これは神道《しんとう》の基本的な徳目である「浄《きよ》き明《あか》き正しき直《なお》き心」にちなんで、浄階《じょうかい》・明階《めいかい》・正《せい》階《かい》・権《ごん》正階・直階《ちょっかい》と名づけられています。「権」は仮のといった意味です。

上の階位に進むには検定試験などに合格する必要があります。また、神社で主要な役職に就くには高い階位を得る必要があります（一般的な神社の宮司《ぐうじ》であれば権正階以上）。

これとは別に**神道界への貢献度によって授けられる身分もあります**。上から特級・一級・二級上・二級・三級・四級です。

この身分によって身につけることができる袍《ほう》（神職などがまとう和装の上着）や袴《はかま》の色・文様《もんよう》が異なります。

さらには**神社での役職という位もあります**。

神社を司る役職である宮司を頂点に、儀礼などを所管する禰宜《ねぎ》、神主という体制で神社の運営は行なわれています。しかし、規模が大きくなるとこれでは対応しきれないので、宮司の下に権宮司、禰宜の下に権禰宜をおいたりします。

また、神社の職務になれていない者を、見習いという意味で出仕《しゅっし》と呼ぶこともあります。

用語解説

＊**神主**　主がついているので神社の長に思われがちだが、神職全般を指す言葉。古くは祝《はふり》といった。神社の長は宮司という。

神主の位と装束

階位

神社本庁に所属する神社で役職
（権禰宜以上）を得るための資格（検定制）

職階

各神社において神職が就く役職

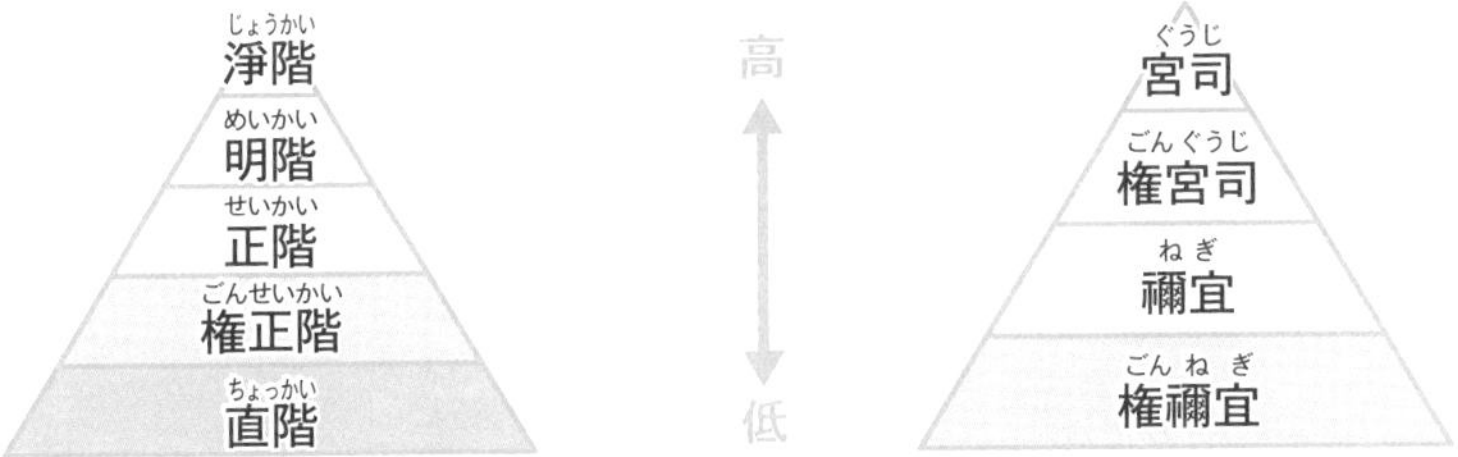

身分によって装束の色や模様も違う

上の位以外に、神社界への貢献度によって６ランクの身分が与えられている

	等級	袴の色・模様	袍《ほう》の色
神職の身分	特級	白に白の文様	黒
	一級	薄紫に白の文様	
	二級上	紫に薄紫の文様	赤
	二級	紫（模様なし）	
	三級	浅葱《あさぎ》（模様なし）	緑（縹《はなだ》）
	四級		

男性神職の常装《じょうそう》

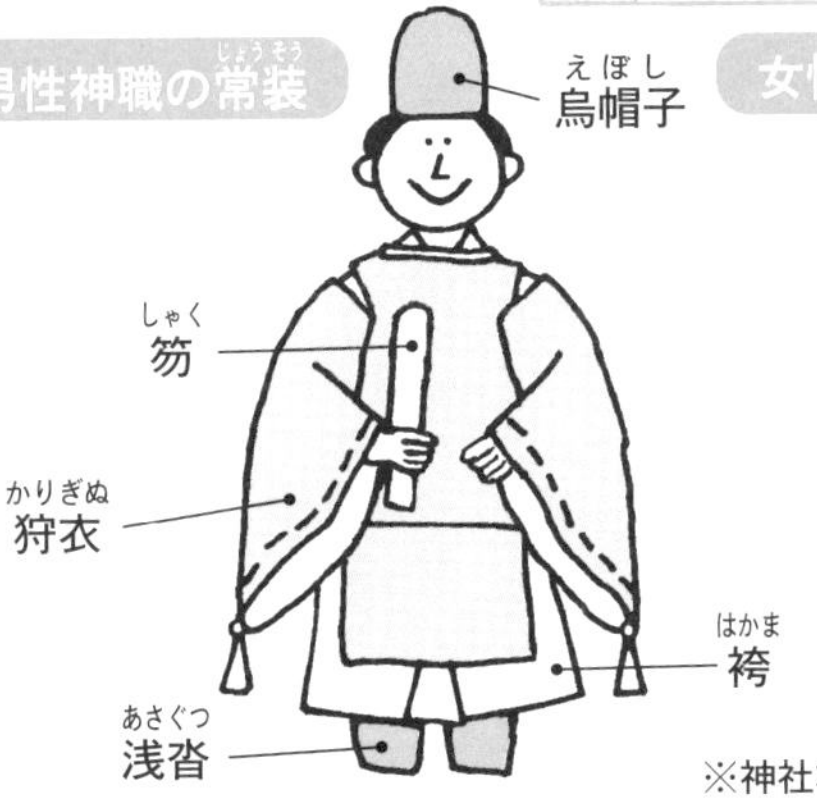

女性神職の常装

※神社本庁監修『神社のいろは』（扶桑社）による。

神職の装束は正装、礼装、常装の３種類。正装は、大祭の場合と天皇、三后（皇后・皇太后・太皇太后）、皇太子または皇太孫御参拝の場合に着用。礼装は、中祭の場合に着用。常装は、小祭《しょうさい》及び神社での恒例式の場合に着用すると決まっている。一般の人が良く見るのは常装。

17 巫女ってどんな仕事をするの？

昔は霊力で神の言葉を伝え、今は主に神職の補佐役

巫女《みこ》は神職でないので、特別な資格はいりません。しかし、だからといって誰にでもなれるというわけではありません。

神職ではないのですが神様に仕える聖職ではありますから、前項で述べた「浄《きよ》き明《あか》き正しき直《なお》き心」という神道の徳目を心がけた人物であることが求められますし、参拝者との対応もあるので人柄がよいことも必要でしょう。

ここで注意していただきたいのは、**女性神職と巫女は別**だということです。女性神職のことを巫女と間違える方が少なくありませんが、女性神職は前項で述べた資格試験を経て神職となった方です。装《しょう》束《ぞく》も巫女とは異なります（前ページ参照）。

最近は女性の宮司さんも増えてきています。女性神職は男性神職とは違ったかっこよさがありますので、ぜひ注目していただきたいと思います。

巫女の話に戻しましょう。

もともと巫女はその体に神霊を憑《ひょう》依《い》させたり、自分の霊魂を神様のもとに送ったりして、神様の意志や言葉を伝える役目をするものでした。『古事記』『日本書紀』の神話に登場するアメノウズメ（天宇受売命）*は、そうした古代の巫女の姿を写したものだといわれています。

また、**邪馬台国の女王だった卑弥呼《ひみこ》も、巫女としての能力をもっていたと考えられています。**

このように巫女は神事・祭事の中心的な存在だったのですが、時代が下がるにつれて神様の託宣《たくせん》よりも儀礼を荘重に行なうことの方が重視されるようになり、**巫女はしだいに神職の補佐的な存在に変わっていった**のです。

しかし、今でも巫女の舞いなどは神様を喜ばせる重要な芸能の1つとなっています。

用語解説

* **アメノウズメ**　アマテラスが天岩屋に身を隠した時、岩屋の前で踊って誘い出したとされる。また、サルタビコの名前を聞き出すといった活躍をした。

巫女の役目の変化

古代の巫女

役目

- 神霊を身に宿すなどの霊力をもっていることが前提。
- 神の妻となる場合もあった。
- 神功皇后《じんぐう》や卑弥呼《ひみこ》も巫女の役割を果たした。

近現代の神社の巫女

役目

- 神に舞などの芸能を奉納する役目。
- 参拝者の儀礼を助ける。
- お札、縁起物の授与。
- 境内の清掃などの雑務。
- 原則として資格は不要。

18 神社にもお宝が納められているの？

納められている。ただし、神様のためのもの

神社のお宝のことを神宝《じんぽう》（「かむだから」とも読みます）といいます。

ただし、これは怪盗ルパンが狙うようなものとは少し違います。なぜなら、それらは**人にとって価値があるものではなく、神様に喜んでもらうためのものの**だからです。

神宝は大きく2種類に分けられます。崇敬者が神社に奉納したものと、ご祭神のために調製《ちょうせい》（制作）されたものです。

前者には貴族や大名などの奉納物も含まれますので、私たちがイメージするお宝に近いといえますが、狭い意味での神宝は後者のことになります。

もう少しくわしく書くと、ご祭神のために調製されたご神宝とは、神様の装束（衣類）・社殿内を飾るための帳《とばり》（室内の区切りなどのために下げる錦などの布）などの装飾品・武具・楽器・文具・神様の日常用品などのことです。

伊勢神宮では装束を神宝と区別しており、装束は525種1085点、その他の神宝は189種491点あるそうです。

驚くのは、**20年おきに行なわれる式年遷宮《しきねんせんぐう》**＊**に際して、こうした御装束・御神宝をすべてつくり直す**ということです。

最高の材料と最高の技術を用いて、まったく同じものがつくられ、神様に捧げられます。

なぜそのように手間も費用もかかることを行なうかといえば、**日本の神様は新しいものを好まれるからです。神様に最高のもてなしをするために、20年の時間をかけて準備をして捧げるのです。**

一般の神社ではここまでのことはできませんが、できるだけのことをして神様をもてなそうという気持ちは同じです。

用語解説

＊**式年遷宮**　20年おきに新たな社殿を建て、神霊を新しい社殿に遷《うつ》す行事。かつては伊勢神宮以外の神社でも行なわれていた。

「神宝」は神様を喜ばせるために奉納された

神様のための着物

神様のための武具

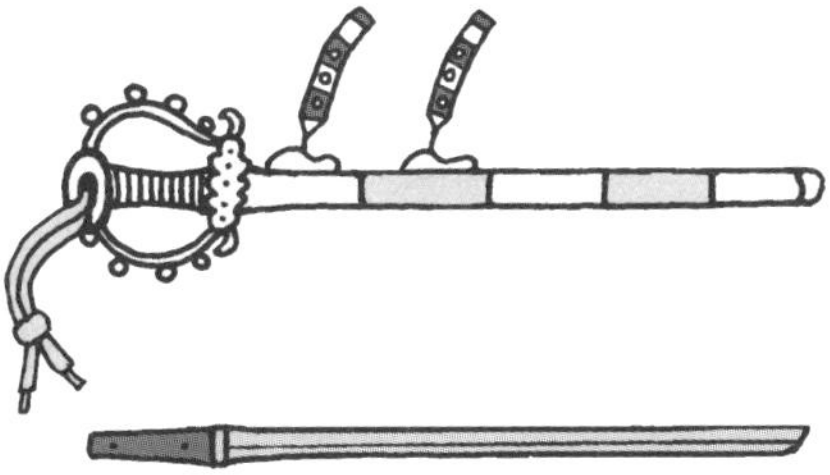

神様のための化粧道具

伊勢神宮の式年《しきねん》遷宮《せんぐう》では、社殿だけではなく、
神宝類もすべて新たにつくり直される。

19 宮中三殿って神社なの？

神社とはいえないが、すべての神々が祀られている

宮中三殿《きゅうちゅうさんでん》をご存じでしょうか。

その名前を知らなくても、天皇陛下が即位などの特別な行事の際や、元日などに皇居内の神殿にお参りをされる様子をニュースでご覧になったことがあると思います。そこに映されていた建物が宮中三殿です。

その名前からわかるように、**宮中三殿は3つの神殿（社殿）で構成されています。中央にあるのが賢所《かしこどころ》です。**「畏《おそ》れ多い場所」といった意味です。天皇陛下のご先祖であるアマテラスをお祀りしているので、このように呼ばれてきました。

そのご神体とされているのが三種の神器《じんぎ》の1つの八咫鏡《やたのかがみ》＊です。

賢所の東側（向かって右）に建っているのが神殿です。ここには天神地祇《てんじんちぎ》、八百万神《やおよろずのかみ》が祀られています。**天上におられる天《あま》つ神と、地上におられる国《くに》つ神を、すべてお祀りしているのです。**

その反対側に建つのが皇霊殿《こうれいでん》です。天皇陛下のご先祖である歴代天皇・后妃・皇子皇女の御霊《みたま》をお祀りしています。

このように神様が祀られている場所ですので神社の1種といいたくなってしまいますが、天皇陛下が国家の安寧《あんねい》や発展、国民の幸せなどを祈られる場所であり、**皇族以外の者がお参りすることは決してありませんので、神社とは区別されています。**

宮中三殿には3つの神殿のほか、新嘗祭《にいなめさい》（天皇陛下が新米を神様に捧げ、ともに食される行事）が行なわれる神嘉殿《しんかでん》、天皇陛下が身を清めたり装束を替えられたりする綾綺殿《りょうきでん》、神饌《しんせん》（神様のお食事）が調《ととの》えられる膳舎《かしわしゃ》、神楽が奏される神楽舎《かぐらしゃ》などがあります。

用語解説

＊**八咫鏡**　アマテラスが孫のニニギに託して地上にもたらされた。オリジナルは伊勢神宮内宮で奉安されており、賢所のものはその御分身。

アマテラスや八百万の神、歴代天皇の御霊を祀る宮中三殿

賢所御構内平面図

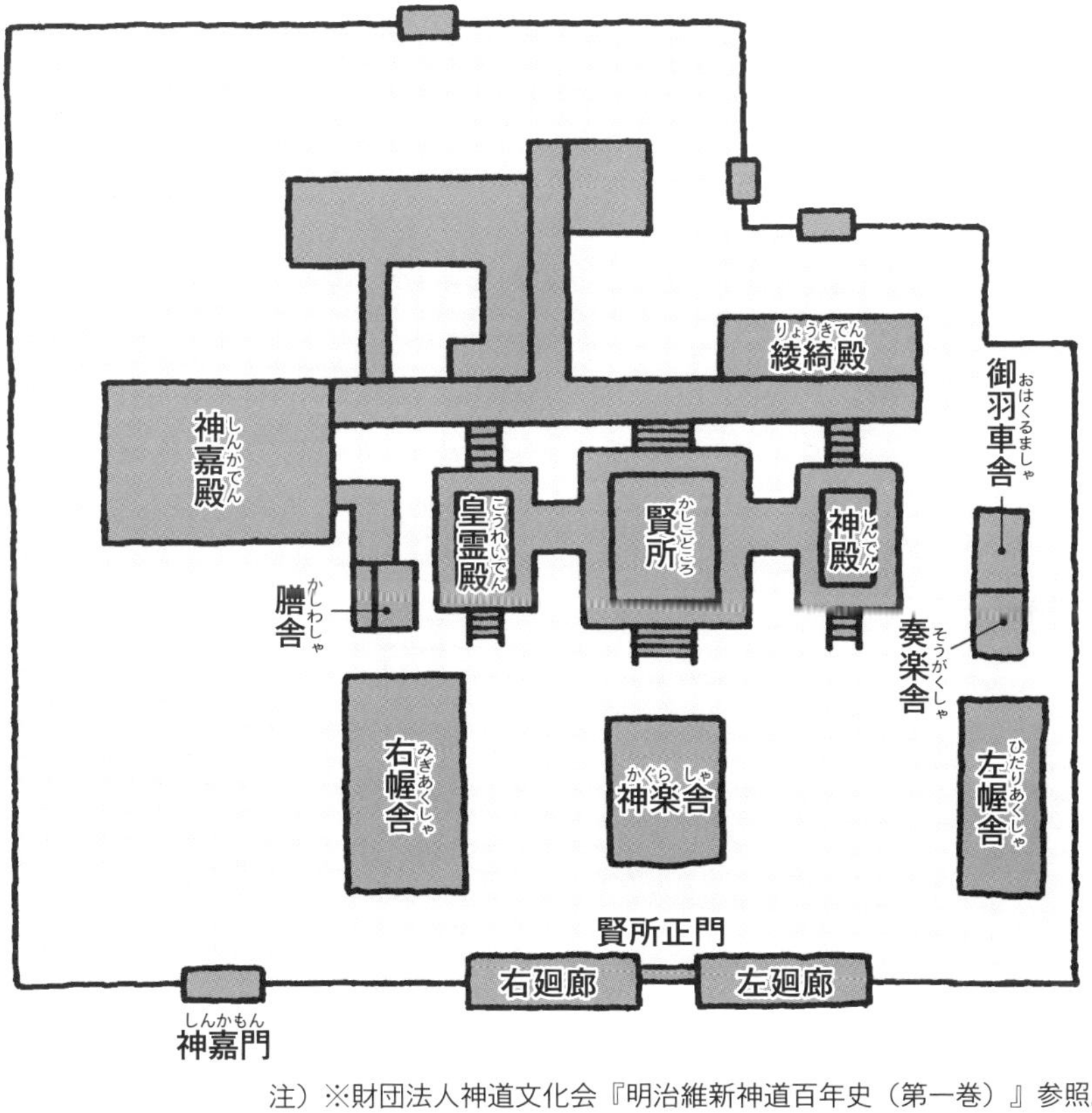

注）※財団法人神道文化会『明治維新神道百年史（第一巻）』参照。

賢所

天皇の祖先神たるアマテラスを祀る

神殿

天神地祇《てんじんちぎ》、八百万《やおよろず》の神を祀る

皇霊殿

歴代天皇、后妃、皇子女の御霊を祀る

神嘉殿

新嘗祭の祭場

綾綺殿

天皇が入浴や斎戒（心身を清めること）を行なう

Column 1

人生儀礼と神社

誕生や成人、結婚といった人生の節目に行なう儀礼を人生儀礼という。

古来、日本では人生儀礼に際して氏神神社などの神社を参拝するものとされてきた。

なぜだろうか。その説明をする前に、人生儀礼にはどのようなものがあるのか見ておこう。

誕生祝い	0歳
名づけ祝い	0歳
お七夜《しちや》	0歳
初参り	0歳
初節句	0歳
お食い初め	0歳
初誕生	1歳
七五三	3~5歳
十三参り	13歳
成人式	(地域により異なる)
結婚式	
厄年	25歳など
還暦	60歳
古希《こき》	70歳
喜寿	77歳
傘寿《さんじゅ》	80歳
米寿	88歳
白寿	99歳
葬式	

人生儀礼が子ども時代、それも幼年期に集中していることに気づかれたことと思う。これは幼児の死亡率が高かったことの反映である。

つまり、人生儀礼とは、それまでの無事を神に感謝し、今後の守護を願うものなのである。

氏神神社へお参りするのは、祖先の霊に成長している姿を見せる意味もあると思われる。

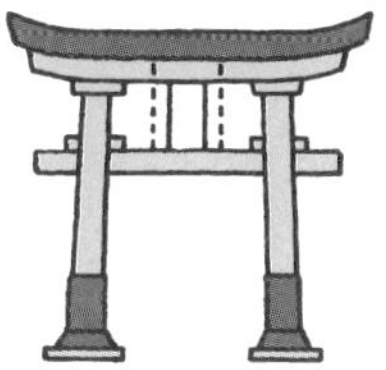

第2章

由来・祭神別
おすすめ神社

20 神社はどんなグループに分けられるの？

天つ神・国つ神の神社、分社が多い神社など

神社の分類は簡単ではありません。

神社は寺院のように教えの広まりとともに各地に建てられるようになったのではなく、それぞれの地域の信仰に基づき独自に成立したものが多いので、それぞれが個性的だからです。

つまり、**どのような分類法をしても、当てはまらないような神社がでてしまう**のです。

式内社《しきないしゃ》や別表《べっぴょう》神社（第7項参照）といった由緒ある神社とそれ以外といった分け方もできますが、これは分類とはいえないでしょう。

1つの考え方として、ご祭神の性質によって分ける方法があります。具体的には、天《あま》つ神を祀《まつ》る神社・国《くに》つ神を祀る神社・その他の神様を祀る神社の3種です。

天つ神は天上の世界（高天原《たかまがはら》）にいる神々の意味で、具体的には、国づくりの神イザナギ・イザナミ、天上界を治めるアマテラス、八岐大蛇《やまたのおろち》を退治したスサノオなどのことで、皇室や古代の大和朝廷を支えた氏族《しぞく》に関わりが深い神々です。

他方、国つ神はもとから地上にいた神々で、地上を開発したオオクニヌシ、その子のコトシロヌシ（事代主神）、富士山の神ともされるコノハナノサクヤビメ（木花之佐久夜毘売）などです。

実はこの2つに含まれない神様（神社のご祭神）は少なくありません。たとえば、孝霊《こうれい》天皇の皇子で吉備津彦《きびつひこ》*や、天神様《てんじんさま》とも呼ばれる菅原道真《すがわらのみちざね》などは、天つ神・国つ神の分類に含まれません。

このほかチェーン店のように多くの分社《ぶんしゃ》をもつ神社もあります。こうした神社を霊威社《れいいしゃ》といいます。宇佐《うさ》神宮・伏見稲荷大社・北野天満宮・太宰府天満宮・宗像大社・嚴島《いつくしま》神社などです。

用語解説

* **吉備津彦**　岡山県の吉備津神社・吉備津彦神社などのご祭神。桃太郎のモデルともいわれる。

神社のグループ分け

分類法① 天つ神・国つ神・そのほかの神の神社を分類

神社

第1分類

天つ神を祀る神社

高天原の神々を祀る神社で、皇室および大和朝廷を支えた氏族の祖先神、守護神が多い。

例：伊勢神宮（アマテラス）、春日大社（アメノコヤネ）、
鹿島神宮（タケミカヅチ）、宗像大社（宗像三女神）など

第2分類

国つ神を祀る神社

もともと地上にいた神を祀る神社で、大和朝廷に併合された地域に多い。

例：出雲《いずも》大社《おおやしろ》（オオクニヌシ）、大神《おおみわ》神社（オオモノヌシ）、
諏訪大社（タケミナカタ）、美保神社（コトシロヌシ）など

第3分類

そのほかの神社

人神を祀る、または民間信仰、外来信仰などに由来する神社。

例：吉備津神社（吉備津彦）、北野天満宮（菅原道真）など

分類法② 霊威社の分社を分類（八幡《はちまん》宮・八幡神社を例として）

八幡宮・八幡神社

第1分類

宇佐神宮とその分社

全国の八幡社《はちまんしゃ》の総本宮である宇佐神宮（大分県宇佐市）、およびその直接の分社。たとえば石清水《いわしみず》八幡宮（京都府八幡市）、宇佐八幡神社（愛媛県西条市）など。

第2分類

宇佐神宮の分社の分社

宇佐神宮の分社から、さらに分社された神社。たとえば、石清水八幡宮の分社の鶴岡《つるがおか》八幡宮（神奈川県鎌倉市）、今宮八幡宮（群馬県高崎市）など。

第3分類

宇佐神宮の分社の分社の分社

宇佐神宮の分社の分社から、さらに分社された神社。たとえば、鶴岡八幡宮の分社の代々木八幡宮（東京都渋谷区）、六手《むて》八幡神社（千葉県君津市）など。

21 神様によってかなう願いが違うの？

神様ごとに得意のジャンルがある

神社によってお願いすべきことが決まっている、ということではありません。どの神社のご祭神も参拝者の心の声に耳を傾け、それぞれの人にふさわしいご利益《りやく》*を与えてくださいます。

しかし、日本の神様はそれぞれ個性が豊かですから、その個性に沿ったお願いをすればご利益も即効的で大きいのではないかと思われます。

たとえば、地上を平定したタケミカヅチ（建御雷神）やフツヌシ（経津主神）といった神様は武神ですから、武術の向上を願うのに最適でしょう。武術同様に勝負の世界であるスポーツの上達も期待できます。

一方、病気平癒《へいゆ》や健康増進ということになると、医薬のことを人々に広めたと伝えられるオオクニヌシ（大国主神）やスクナビコナ（少名毘古那神）が頼りになります。

学問の神様というと天神様こと菅原道真が思い浮かびますが、天つ神の知恵袋的な存在のオモイカネ（思金神）や、応神《おうじん》天皇の皇子で学問を究《きわ》めたとされる菟道稚郎子《うじのわきいらつこ》、平安初期の公卿《くぎょう》の小野篁《おののたかむら》なども学芸の神として信仰されてきました。

古くから女性の信仰を集めてきた神様もいます。特殊な状況にもかかわらず無事出産をとげたコノハナノサクヤビメやトヨタマビメ（豊玉毘売）や、身重のまま遠征を成し遂げた神功《じんぐう》皇后（仲哀《ちゅうあい》天皇の皇后で応神天皇の母）などは安産・子育てにご利益があるとされてきました。

稲荷神《いなりのかみ》・大黒天《だいこくてん》（オオクニヌシ）・エビスは性質を異にする神様ですが、いずれも商売繁盛・財運の神様として信仰されています。

また、火防なら愛宕《あたご》神社や秋葉神社、地震除けなら鹿島神宮（鹿島神社）に霊験があるといいます。

用語解説

＊**ご利益**　「利益」という言葉は仏教由来なので「神徳《しんとく》」で代えることが多いが、微妙に意味が異なるので、本書では両方使っている。

神様によってかなえてくれる願いは異なる

知恵の神

〈代表例〉オモイカネ

菅原道真、小野《おのの》篁《たかむら》、菟《う》道《じの》稚郎子《わきいらつこ》
なども有名

ご利益　学芸上達、受験合格、
研究開発など

武神

〈代表例〉タケミカヅチ

フツヌシ、八幡神なども有名

ご利益　怨敵退散、勝負運、
スポーツ上達など

安産・子育ての神

〈代表例〉コノハナノサクヤビメ

トヨタマビメ、神功皇后
なども有名

ご利益　安産・子育て、子授けなど

商業・農業神

〈代表例〉大黒天（オオクニヌシ）

エビス、住吉神、トヨウケ、
稲荷神も有名

ご利益　商売繁盛、金運、五穀豊穣
など

22 国や地域を護る神社

土地の神霊や武神を祀る神社など

神社は鎮座する土地との結びつきが強いので、どの神社も地域の平和や安全を見守っておられると思います。しかし、前項で述べたように、神様には得意のジャンルというものがあります。国や地域を護《まも》ることを本分とする神様もおり、そんな神様を祀る神社もあるのです。

その最初に伊勢神宮（三重県伊勢市）をあげることには異論もあるでしょう。

伊勢神宮は全国の神社が本宗《ほんそう》＊**として崇敬する、もっとも貴い神社です。**国の指導者が政策の細部に直接関わることはないように、伊勢神宮は個々の祈願には関わらないともいわれます。

しかし、そうであるがゆえに**伊勢神宮は全国の神社を通して国の平安を護っている**ということができるのではないでしょうか。

実際に国や地域を護っている神社としては、土地の神霊を祀っている神社と、武神を祀っている神社があります。

土地の神霊とは、その土地に宿っている霊性のことです。土地神・地主神ともいいますが、町や村といった狭い範囲を治める神ではなく、1つの地域を治めるような神様です。このような神様を国魂《くにだま》（国霊・国玉とも書く）といいます。

大阪市の生國魂《いくにたま》神社や長野県上田市の生島足島《いくしまたるしま》神社で祀られている**生島神・足島神は日本の国魂ともいえる神様です。**

武神は地上を平定したタケミカヅチやフツヌシ、吉備《きび》地方の悪鬼を倒した吉備津彦などが代表的でしょう。

元寇《げんこう》など外国からの侵略の恐れに対しては、住吉神（住吉大社）・宗像三女神《むなかたさんじょしん》（宗像大社）・八幡神《やはたのかみ》（宇佐神宮・石清水八幡宮《いわしみずはちまんぐう》）などが信仰されました。

用語解説

＊**本宗**　神社本庁独自の用語。伊勢神宮を最高至貴の神宮として全国の神社が崇敬の対象としていることをいう。

国や地域を護る役割をもつ神社

伊勢神宮
（三重県伊勢市）

伊勢神宮は、アマテラスを祀る内宮《ないくう》と、穀物神トヨウケを祀る外宮《げくう》からなる。写真は内宮の正宮《しょうぐう》前。

大國魂神社
（東京都府中市）

大國魂《おおくにたま》神社は、武蔵国の総社であり東京五社の一社。祭神の大國魂大神は武蔵の国魂の神で、出雲のオオクニヌシと同じ神。

生國魂神社
（大阪市天王寺区）

生國魂神社には、古来、国土経営に神徳のある生島神・足島神が祀られてきた。

23 霊山の神社

古代の山岳信仰に由来する神社たち

古くから日本人は山を神霊が住むところと考えてきました。

富士山や白山《はくさん》、出羽三山《でわさんざん》といった全国的に知られた霊山はもちろん、里から望める山の多くも神の山として崇敬されてきました。

地域によっては、山は死者の霊が赴《おもむ》くところともされていました。山に登った死霊は、やがて1つとなって子孫を見守る祖霊・祖神となります。

日本人はこうした神が住む山を霊山として崇拝してきました。しかし、今とは違っていたのは、神の領域を侵すことを恐れて必要がないかぎり霊山には登らなかったことです。

そうした信仰に変化が現れたのは仏教が伝来してからのことだといわれます。山を修行場所とする者*が現れたのです。

これによって霊山にも社や寺院が建てられるようになりました。中世になると一般の人たちもそうした社寺《しゃじ》を詣《もう》でるようになり、霊山の開発はさらに進みました。

この状況に大きな変化を生じさせたのが、明治の初めに起きた神仏分離でした。

ほとんどの霊山で神と仏を一緒に祀る神仏習合《しゅうごう》の信仰が定着していたのですが、その多くで仏教を排する運動が起こったのです。**山上の仏殿や塔が取りこわされ、仏像や経典なども撤去され、純粋な神社として再出発することになったのです。**

なお、富士山や白山のような信仰圏が広範囲に広がっている霊山は、その山の神様を祀る神社が複数存在することがあります。富士山の場合、静岡県側には富士山本宮浅間大社《ほんぐうせんげんたいしゃ》があり、山梨県側には北口本宮富士浅間神社があって信仰センター的な役割を果たしてきました。

用語解説

*山を修行場所とする者　初期の山岳修行者は密教の行者《ぎょうじゃ》が多かったが、やがて密教に神道や陰陽道《おんみょうどう》を取り込んだ修験道《しゅげんどう》へと発展した。

古代から山岳信仰で有名な霊山

富士山

富士山本宮浅間大社（静岡県富士宮市）の創建は第11代垂仁《すいにん》天皇の御代と伝わり、ご祭神はコノハナノサクヤビメ（浅間大《あさまのおお》神《かみ》）。富士山の噴火を鎮めたとされ、全国の崇敬を集めた。

出羽三山（月山、羽黒山、湯殿山）

出羽三山には、古来、修験道の道場として月山《がっさん》神社（山形県庄内町）、出羽《いでは》神社、湯殿山《ゆどのさん》神社（ともに山形県鶴岡市）が建てられ、全国的な信仰が展開。

白山

奈良時代初期に修験道の道場が置かれ、全国的な信仰が展開。白山の麓や頂上付近には全国の白山神社の総本社である白山比咩《しらやまひめ》神社（石川県白山市）の社殿が建てられている。

24 鎮魂の神社

怨みをもって死んだ人や道半ばで亡くなった人を祀る

もともと神道《しんとう》では神と人間は厳密に区別されていました。

神が人間の娘のもとに通って子どもをつくることはありましたが、人が神になることはなく、神のように祀られるということもありませんでした。

ところが、**奈良時代頃より強い怨《うら》みをもって死んだ者は疫病を流行らせるといった祟《たた》りをなすと信じられるようになりました。**

こうしたことの背景には、奈良時代後期から平安初期にかけて政争が続いたことと、過密化した都での衛生環境の悪化があるといわれます。

疫病を怨霊《おんりょう》の祟りだと信じて恐れた当時の権力者たちは、怨霊を御霊《ごりょう》と呼んで鎮魂の祭りを行ないました。これを御霊会《ごりょうえ》といいます。

祭りを行なうだけではなく、神社も建てられました。それが京都の上御霊《かみごりょう》神社・下《しも》御霊神社です。

怨みをもって死に、神として祀られた人のなかで、もっとも有名なのが菅原道真でしょう。

学者・漢詩人として有名で宇多《うだ》・醍醐《だいご》天皇に重用されながら、無実の罪で太宰府に左遷《させん》され任地で病死した道真は、死後、天神《てんじん》になって政敵に神罰を与えたとされます。

しかし、**菅原道真が御霊として恐れられ祀られたのは最初の一時期だけで、その後は学芸の神様として信仰されるようになりました。**

道半ばで倒れた者も神として祀られることがあります。その代表がヤマトタケル（倭建命・日本武尊）*です。各地に遠征をして熊襲《くまそ》などの反逆的な部族を討ったヤマトタケルですが、伊吹山《いぶきやま》の神を退治しに向かったところで病を得て32歳で没しました。その御霊を祀るために創建されたのが滋賀県大津市の建部《たけべ》大社とされます。

用語解説

*****ヤマトタケル**　第12代景行《けいこう》天皇の皇子。『古事記』『日本書紀』は歴史時代の人物とするが、半神半人の英雄といった存在。

御霊信仰によって建てられた神社

上御霊神社
（京都市上京区）

上御霊神社は、平安京遷都のとき、桓武《かんむ》天皇が早良《さわら》親王の御霊を祀ったのが始まり。

毎年５月18日に行なわれる御霊祭《ごりょうまつり》渡御之儀《とぎょのぎ》は、日本最古の御霊会の姿を今に伝える。
神輿《みこし》、剣鉾《けんぼこ》、牛車《ぎっしゃ》などが氏子地域を巡行する。

北野天満宮（京都市上京区）・太宰府天満宮（福岡県太宰府市）

北野天満宮と太宰府天満宮は、平安時代に菅原道真の怨霊を鎮めるために創建された神社。

北野天満宮の創建は947年。道真から神託を受けた巫女が道真を祀った場所に、朝廷が社殿を造営。

太宰府天満宮は、919年、勅命によって道真の墓所に社殿が造営されたのが始まり。

25 氏族の神社

氏族の祖や専業の職の守り神を祀る

本来の意味での氏神《うじがみ》神社です。古代、有力な氏族はそれぞれ氏神をもち、篤《あつ》く祀っていました。

　多くの場合、**氏神は氏族の祖先とされる神様でしたが、氏族が専業としていた職の守り神***という場合もありました**。たとえば、中臣《なかとみ》氏（後の藤原氏）はアメノコヤネ（天児屋根命）、物部《もののべ》氏はニギハヤヒ（邇芸速日命）、忌部《いんべ》氏はフトダマ（布刀玉命）を祖神として祀っていました。それぞれ枚岡《ひらおか》神社（東大阪市出雲井町）・磐船《いわふね》神社（大阪府交野市）・天太玉命《あめふとたまのみこと》神社（奈良県橿原市）で祀られています。

　藤原氏はその後、鹿島神宮（茨城県鹿嶋市）のタケミカヅチ、香取神宮（千葉県香取市）のフツヌシも氏神として崇敬するようになり、これらをアメノコヤネの妃神《きさきがみ》とともに奈良の都に祀りました。これが春日大社（奈良市春日野町）です。

　忌部氏は中臣氏とともに朝廷の祭祀を司《つかさど》った氏族ですが、阿波《あわ》（徳島県）や安房《あわ》（千葉県南部）を開拓した氏族としても知られます。いずれの地域も「あわ」と呼ばれるのは、このことに由来しているといいます。

　そして、忌部氏は両方の地域にフトダマを祀る神社を建てました。大麻比古《おおあさひこ》神社（徳島県鳴門市）と安房神社（千葉県館山市）です。大麻比古神社ではフトダマのことを大麻比古大神として祀っています。

　平安遷都《せんと》以前の京を開拓していた賀茂《かも》氏や秦《はた》氏も、それぞれの氏神を祀っていました。

　賀茂氏の氏神神社は上賀茂神社（賀茂別雷《かもわけいかづち》神社）と下鴨神社（賀茂御祖《かもみおや》神社）です。上賀茂に賀茂別雷神を、下鴨にその母神と祖父神を祀っています。

　秦氏の氏神神社は稲荷神社の総本宮として知られる伏見《ふしみ》稲荷大社と松尾大社です。

用語解説

＊**職の守り神**　たとえば玉造部《たまつくりべ》の祖神とされるタマノオヤ（玉祖命）。勾玉《まがたま》づくりの守り神である。

古代氏族の祖先神が祀られている神社

枚岡神社
（東大阪市出雲井町）
●中臣・藤原氏の氏神神社

アメノコヤネは天孫降臨《てんそんこうりん》の際にニニギに従って天降った神様で、神武東征後、河内《かわち》国の神《かみ》津嶽《つだけ》に祀られた。枚岡神社は、飛鳥時代の中臣系氏族平岡連《ひらおかのむらじ》が、それを現在の鎮座地に移して創建したもの。

磐船神社
（大阪府交野市）
●物部氏の氏神神社

物部氏の祖先神は、ニニギに先立って大和国に天降ったニギハヤヒ。磐船神社の創建には、この地を支配していた肩野《かたの》物部氏が関わったとされる。ニギハヤヒが高天原から乗ってきたとされる岩がご神体となっている。

天太玉命神社（奈良県橿原市）
●忌部氏の氏神神社

忌部氏の祖先神フトダマも天孫降臨の際に降った神様。フトダマを祀る天太玉命神社の鎮座地一帯は忌部氏の本拠地だった地域だ。

26 一生の願いをかなえる神社

――安産から学問・商売・出世など

『古事記』『日本書紀』などの神話には、**神様が人々の願いをかなえる話は出てきません。**『風土記《ふどき》』にはオオクニヌシとスクナビコナが医薬のことや温泉の効能*を広めたといった話は出てきますが、個人の願いを神様がかなえたというエピソードはありません。

むしろ神様の方が人間に対して「あの者に自分を祀らせてほしい」とか「社殿を修理してくれ」とか要求を出しています。

これは氏族ごとに祀る神様が決まっていたことによると思われます。神様にお願いするのは一族の繁栄であったり地域の平穏であり、個々人の願望ではなかったのです。

しかし、中世から近世へと時代が移ると、神社と人々の関係も変わっていきました。**信仰の担い手が貴族などから庶民へと替わったので、神社も庶民の素朴で現実的な願望に応えるようになっていったのです。**

さて、全国には実にさまざまなご神徳（ご利益）をもつ神社がありますが、そのいちいちを紹介していてはいくらページがあっても足りません。代表的な例を、人の一生に沿ってあげていくことにしましょう。

まず、人生最初の願いといえば、無事に誕生することでしょう。それはもちろん母の願いでもあります。

安産祈願の神様については第21項で述べていますので、そちらをお読みください。神社については左ページをご覧ください。安産・子育てに続く願い事である学力向上（受験合格）についても同様です。

さて、無事成人したのちの願い事は、出世や商売繁盛でしょうか。

用語解説

*温泉の効能　『伊予国風土記』によれば、オオクニヌシはスクナビコナが病んだ際に、別府から松山に温泉を引いて癒やしたという。これが道後温泉の起源ともいわれている。

安産・学問・商売の願いをかなえる神社

安産

水天宮（東京都中央区）

本宮は福岡県久留米市にある。源平の合戦後、平家の生き残りの女官が、戦場で水死した安徳《あんとく》天皇を祀ったのが起源。東京の分社は久留米藩の邸内社が発展したもの。

その他の有名な神社

鵜戸《うど》神宮（宮崎県日南市）
宇美《うみ》八幡宮（福岡県宇美町）など

学門

小野照崎神社（東京都台東区）

『令義解《りょうのぎげ》』の序文を書いて高名な学者となった小野篁《おののたかむら》（802〜853年）が、死後、彼が住んでいた地に祀られたのが起源。本殿には菅原道真も相殿《あいでん》の神として祀られている。

その他の有名な神社

宇治《うじ》神社（京都府宇治市）
全国の天満宮・天神社　など

商売

今宮戎《いまみやえびす》神社（大阪市浪速区）

聖徳太子（574 〜 622 年）が創建したと伝わる古社。コトシロヌシ（エビス）が祀られ、1 月に行なわれる十日《とおか》戎《えびす》には、商売繁盛を祈願する人々など、100 万人もの参拝客が訪れる。

その他の有名な神社

西宮神社（兵庫県西宮市）
金刀比羅宮《ことひらぐう》（香川県琴平町）など

出世も商売繁盛も稲荷神社が有名です。なかには「出世稲荷」と呼ばれているところもあります。稲荷神はもともと秦氏の氏神（第25項参照）でしたが、その名からわかるように稲作の守護神でもあったことから、各地の田の神信仰と結びついて全国に広まりました。

そして、豊作→繁栄→富貴という連想から商売繁盛や出世にもご利益があると信じられるようになりました。

オオクニヌシとエビスは中世に福神《ふくじん》信仰と結びついたことから、財福の神として信仰されるようになりました。

オオクニヌシは国づくりの神様ですが、「大国」が「だいこく」とも読めることから仏教の大黒天＊と同一視されるようになり、財福の神としても祀られるようになりました。

エビスは漁師が祀る漁業神でしたが、市場でも祀られたことから商売の神様としての信仰が広まりました。

なお、エビスはイザナギ・イザナミの御子神のヒルコ（水蛭子）として祀る神社と、オオクニヌシの御子神であるコトシロヌシとして祀る神社があります。

金運がよくなるとする神社も各地にありますが、宮城県石巻市の金華山《きんかさん》黄金山《こがねやま》神社は、東大寺大仏の造立《ぞうりゅう》に用いる金が東北で産出したことを祝って聖《しょう》武《む》天皇が創建した神社です。

縁結びでは出雲大社《いずもおおやしろ》が近世から有名です。これは神無月《かんなづき》（旧暦10月）に全国の神々が出雲に集まるといわれているためで、この時に出雲大社で縁組みの相談がなされると考えられてきました。

同じく出雲の八重垣神社（松江市）は、スサノオが八岐大蛇《やまたのおろち》を退治してクシナダヒメ（櫛名田比売）と結ばれた地とされます。

一方、東京大神宮（千代田区）は神前結婚式を初めて一般向けに行なった神社であることから縁結びのご利益があるとされます。

鳥取県宇部市の宇倍神社は5代の天皇に仕え360余年の長寿を保った武内宿禰《たけのうちのすくね》をご祭神とすることから、長寿のご神徳に預かれるとされます。

用語解説

＊**大黒天**　真っ黒な姿で象の皮をかぶった武神。財神としての性格もあり、布袋をかついだ像が寺院の厨房《ちゅうぼう》に安置された。

金運・縁結び・長寿の願いをかなえる神社

金運

金華山黄金山神社（宮城県石巻市）

創建は750年。ご祭神は、鉱山を司《つかさど》るカナヤマヒコとカナヤマヒメ。神仏習合以降は、七福神の弁財天《べんざいてん》が安置されるようになった。弁財天は財福を与えるとされる女神。

その他の有名な神社

金刀比羅宮《ことひらぐう》（香川県琴平町）
聖《ひじり》神社（埼玉県秩父市）など

縁結び

出雲大社（島根県出雲市）

ご祭神のオオクニヌシは、毎年、神無月（出雲では神々が来るので神在月《かみありづき》と呼ばれる）に行なわれる神議《かむはか》りを主宰し、縁結びなど人間の諸般のことを決めるという。

その他の有名な神社

八重垣神社（島根県松江市）
東京大神宮（東京都千代田区）
など

長寿

多賀《たが》大社（滋賀県多賀町）

イザナギ・イザナミを祀る。東大寺の再建を志した重源《ちょうげん》（1121～1206年）は延命のため、豊臣秀吉（1537～1598年）は生母の病気平癒のため祈願に訪れた。

その他の有名な神社

橿原《かしはら》神宮（奈良県橿原市）
宇部神社（鳥取市国府町）など

27 戦国武将と関わり深い神社

武将が信仰した神社・武将が祀られる神社

神仏の罰など恐れない猛将のイメージが強い戦国武将ですが、実は信心深い人が多くいました。やはり日々命のやりとりをしていたので、武運長《ちょう》久《きゅう》や殺生《せっしょう》の罪をすすぐことを祈らずにはいられなかったのでしょう。

無神論者の先駆者のように語られることが多い織**田信長でさえ、社寺の修築などを行なって功徳《くどく》を積んでいます。**熱田《あつた》神宮（愛知県名古屋市）の境内には、桶狭間《おけはざま》での戦勝の御礼として信長が奉納した信長塀《べい》*があります。また、伊勢神宮や多賀《たが》大社へのお札の書状が残されています。

信心深いことで有名だったのは、甲斐《かい》の名将・武田信玄です。信玄の軍旗には諏訪大社（長野県諏訪地方）への信仰を示す「南無《なむ》諏訪《すわ》南宮《なんぐう》法性《ほっしょう》上下《かみしも》大明神」という文字が書かれていました。

信玄は戦いの前に諏訪大社でくじを引いて運勢を祈っていますし、娘の安産を富士《ふじ》御室《おむろ》浅間《せんげん》神社（山梨県富士河口湖町）に祈願しています。

信玄の好敵手の**上杉謙信は毘沙門天《びしゃもんてん》を信心していたことで知られますが、神社も崇敬していました。**川中島の戦いに際しては武水別《たけみずわけ》神社（長野県千曲市）に戦勝を祈っています。

いろいろな神様が武将の崇敬を受けましたが、武門の神である八幡神はとくに篤く信仰されました。武水別神社も八幡神を祀る神社です。

戦国武将は神様としても祀られています。東照宮に徳川家康が祀られていることは、ご存じの方も多いと思います。これは家康の遺言に基づくものです。織田信長は建勲《たけいさお》神社に、豊臣秀吉は豊《とよ》国《くに》神社に祀られています（ともに京都市）。武田信玄は山梨県甲府市の武田神社、上杉謙信は山形県米沢市の上杉神社のご祭神となっています。

用語解説

*信長塀　土と石灰を油で練ったものと瓦を積み重ねたミルフィーユ状の塀。

戦国武将が神様として祀られる神社

織田信長を祀る建勲神社（京都市北区）

豊臣秀吉は天皇の勅許《ちょっきょ》を得て、船岡山を信長の慰霊地と定めた。1869年、明治天皇の命により、当山に建勲神社が創建された。

朝儀の復興に尽くしたわしらが、のちの世に認められたのじゃ

豊臣秀吉を祀る豊国神社（京都市東山区）

秀吉の死後、遺骸は東山《ひがしやま》阿弥陀《あみだ》ヶ《が》峰《みね》に葬られ、山中に豊国神社が創建。しかし、徳川の時代になると廃祀。1880 年、明治天皇の命により遷座して再建された。

徳川家康を祀る東照宮

家康は、自分の遺体は久能山《くのうざん》（駿河《するが》国）に葬り、1 周忌が過ぎたら日光山（下野《しもつけ》国）に勧請《かんじょう》せよと遺言。死後その通りに久能山と日光に東照宮が創建。写真は久能山東照宮（静岡市駿河区）。

28 マンガやアニメ、有名人などの聖地になっている神社

祭神とは関係なく人気となった神社

有名人ゆかりの神社に信奉者（ファン）が参詣するということは古くからありました。たとえば、松尾芭蕉は敬愛していた西行《さいぎょう》＊の足跡を訪ねて各地の社寺・歌枕《うたまくら》を訪れています。今風にいえばロケ地巡り・聖地巡礼です。

しかし、**マンガやアニメの舞台になった神社を「聖地」と呼ぶようになったのは2000年以降のことです。社会現象化したのは埼玉県久喜市鷲宮《わしみや》を舞台にした『らき☆すた』のブームがきっかけのようです。**作品に登場する鷲宮《わしのみや》神社にはファンの参拝が増え、久喜市商工会主宰のお祭りには、らき☆すた神輿《みこし》まで登場するようになりました。

最近の例では新宿区の須賀《すが》神社でしょう。アニメ映画『君の名は。』の名場面にその参道が使われたことから、海外からもファンが訪れるようになり、連日何人もの人が記念撮影を行ないました。

また、『鬼滅《きめつ》の刃《やいば》』のヒットにより、主人公の竈《かま》門《ど》炭治郎《たんじろう》と名が似た宝満宮竈門《ほうまんぐうかまど》神社（福岡県太宰府市）にもファンが参拝に訪れるようになりました。絵馬掛けには『鬼滅の刃』の登場人物を描いたものが数多く奉納されています。

名前の類似で参拝者が増えたという現象は、芸能人・スポーツ選手でもあります。たとえば、兵庫県神戸市に鎮座する弓弦羽《ゆづるは》神社。熊野三山の神様を祀る神社ですが、フィギュアスケートの羽生結《はにゅうゆ》弦《づる》のファンの聖地となっています。

アイドルグループ嵐のメンバーの名前に似た神社はファンの間では嵐神社と呼ばれ、巡礼も行なわれているそうです。滋賀県栗東市の大野神社、京都府城陽市の松本神社、大阪府堺市の櫻井神社、兵庫県神戸市の二宮神社、福井県あわら市の相葉神社などです。

用語解説

＊**西行**　平安後期～鎌倉初期の歌人。北面の武士として鳥羽《とば》上皇に仕えたが出家して作歌に専念した。歌集に『山家集』がある。

全国からファンが訪れるアニメの聖地

鷲宮（埼玉県久喜市）

©美水かがみ／KADOKAWA

2008年に久喜市商工会主宰の祭りに初登場したらき☆すた神輿は、全国のファンと地域住民が協力し合い、現在に至るまで渡御《とぎょ》が続いている。

（写真提供：久喜市商工会鷲宮支所）

須賀神社参道（東京都新宿区）

赤い手すりが特徴的な須賀神社の参道階段は、『君の名は。』のラストシーンで、主人公の男女が再会する場所となっている。

宝満宮竈門神社（福岡県太宰府市）

太宰府《だざいふ》の鬼門《きもん》（東北）に位置し、大宰府鎮護の神様として古くから崇敬を集める。『鬼滅の刃』主人公の姓と名前が同じなので、物語の発祥の地ではないかと話題になった。

29 超絶景の神社

自然そのものを祀る神社は絶景の地に建つことが多い

神道は大自然の神秘さ偉大さを神として祀ることが多いので、神社も自《おの》ずと景観のいい場所に建てられることになります。

絶景といわれる場所も少なくありませんが、なかには容易にはお参りできないところも数多くあります。

また、人によって絶景の定義も違いますので、ここでは絶景として名高く、比較的容易にお参りできる神社を紹介することにします。

絶景中の絶景といえば富士山山頂でしょう。実は富士山の8合目から上は富士山本宮浅間大社《ほんぐうせんげんたいしゃ》の境内なのです。そして、頂上にはその奥宮《おくみや》が鎮座しています*。

富士山頂に比べたらまったく低い場所ですが、「天空の鳥居」をくぐってお参りする神社があります。香川県観音寺市の高屋《たかや》神社（中宮《ちゅうぐう》）です。

高屋神社は標高４０４メートルの稲積山《いなづみさん》山頂に鎮座しており、稲積神社とも呼ばれます。

その本殿前に立つと、鳥居越しに観音寺市の市街地と瀬戸内海が一望できます。その壮大さから「天空の鳥居」と呼ばれ、四国88景の1つにも選ばれています。

一方、**熊本県高森町の上色見《かみしきみ》熊野座《います》神社は杉林の奥に鎮座し、苔《こけ》むした石段を登っていくその参道は、まさに神の世界です。**アニメ映画『蛍火の杜へ』の舞台とされたことでも知られます。

福井県勝山市の平泉寺《へいせんじ》白山《はくさん》神社は白山の登山口の1つに位置します。上色見熊野座神社と同じく、その境内は苔に覆われた杉林のなかにあります。

かつてはここに48社30堂６０００坊が建ち並んでいたといわれますが、今は静寂が広大な境内を支配しています。

用語解説

※**奥宮が鎮座**　富士山山頂にはほかに久須志《くすし》神社が鎮座しているが、これは奥宮の末社《まっしゃ》。

景観が抜群に素晴らしい神社

富士山本宮浅間大社・奥宮（静岡県富士宮市）

奥宮が鎮座するのは富士宮口登山道を登り切った場所。晴れていれば眼下に山中湖などが眺められる。

頂上に鎮座する奥宮。8月15日の例祭では国家安泰、世界平和の祈願が行なわれる。

高屋神社・天空の鳥居
（香川県観音寺市）

稲積山の頂上にある本宮の鳥居で、断崖に建つ。2017年、SNSで話題となり人気が急上昇した。

Column 2
日本の奇祭

第52項でも述べるが、特殊神事と呼ばれるお祭りは個性豊かなものが多い。なかには奇祭と呼ばれるものも少なくない。

しかし、それらは奇をてらっているのではなく、神様をよりよく祀ろうと工夫を凝らした結果、そのようなお祭りとなったと思われる。したがって、お祭りの担い手たちは、自分たちのお祭りを少しも「奇」と思っていない。

いわゆる奇祭はエロティックな内容があるもの、下帯姿の男たちが競い合う「裸祭り」、観客を笑わせるものなどがある（以上の類型に当てはまらない「奇祭」もある）。

飛鳥《あすか》坐《にいます》神社（奈良県明日香村）のおんだ祭や草苅《くさかり》神社（新潟県佐渡市）のつぶろさしなどのようなエロティックな要素（神楽《かぐら》など）があるお祭りは、生命を生み出す行為である性交を模すことにより、作物の生命力を高め豊作を得ようというものが多い。

尾張大國霊《おわりおおくにたま》神社（愛知県稲沢市）のはだか祭や三重県松坂市の八雲神社のざるやぶりといった裸祭りは、競技を神様に見せて喜ばせるお祭りの1種といえる。

丹生《にう》神社（和歌山県日高川町）の笑い祭りや熱田神宮（愛知県名古屋市）のオホホ祭りなど笑いを呼ぶお祭りは、笑いによって邪気を払い、福を招こうというものだ。

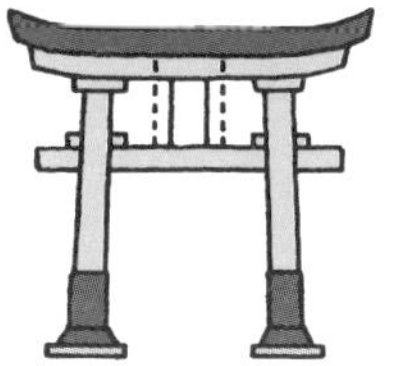

第3章

祭神を知れば、神社が楽しくなる

30 イザナギ・イザナミ

日本の国土を生んだ、日本最初の夫婦神

『古事記』と『日本書紀』では、世界の初めに登場する神様が違います。

『古事記』では別《こと》天神《あまつかみ》五《いつ》柱《はしら》という5柱の神様が順番に登場した後で、神世《かみよ》七代《ななよ》という7世代にわたる神様の時代に入ります。一方、『日本書紀』は神世七代から始まります。

ただ、いずれも**神世七代の最後にイザナギ・イザナミが登場する**ことでは共通しています。ちなみに、『古事記』は伊邪那岐神・伊邪那美神、『日本書紀』は伊弉諾尊・伊弉冉尊と表記します。

この二柱の神の前にもカップルの神様はいますが、具体的な活動が記されていませんので最初の夫婦と呼んでいいと思います。

さて、**イザナギ・イザナミは、先に出現された神々の命令を受け**＊、**地上に大地をつくりだすことになります。**

『旧約聖書』に説かれる神は無から世界や生きものを生み出しますが、日本神話では世界は混沌《こんとん》とした状態ですでに存在しています。イザナギ・イザナミはそこに大地をつくることとなるのです。

まず天と地をつなぐ天《あめ》の浮橋《うきはし》から天の沼《ぬ》矛《ぼこ》を下ろして、どろどろの海をかきまぜてオノゴロ島をつくります。そして、そこに降りて結婚しました。

最初の出産はイザナミが先に声をかけたため失敗しますが、やり直して**日本の国土を次々と生みます。これが国生みです。**

続いて二神は風や山といった自然の神を生んでいきますが、火の神を生んだためにイザナミは火傷を負って死んでしまいます。

イザナギは黄泉《よみ》の国（死者の世界）までイザナミを迎えに行きますが、見るなと言われたイザナミの姿を見てしまい、失敗に終わります。

用語解説

＊**命令を受けて**　『日本書紀』ではイザナギ・イザナミが自発的に創造をしたことになっている。

イザナギ・イザナミ

～日本の国土と神々を生んだ創造神～

天の浮橋から天の沼矛を下げてオノゴロ島をつくっているイザナギとイザナミ

イザナギ・イザナミの主な活躍（主に『古事記』による）

- 神世七代《かみよななよ》最後の対偶神（カップルの神）。
- オノゴロ島の創造と結婚（最初の国生みの失敗）。
- 国生み、神生み（イザナミの死）。
- イザナギの黄泉《よみ》国訪問（イザナミとの決別。人類の死の創始）。
- イザナギの禊《みそぎ》と三貴子《さんきし》（アマテラス、ツクヨミ、スサノオ）の誕生。
- 三貴子の分治《ぶんち》（スサノオの追放）。

お祀りしている主な神社

- 多賀大社（滋賀県多賀町）
- 伊弉諾《いざなぎ》神宮（兵庫県淡路市）
- 伊佐奈岐宮・伊佐奈弥宮（伊勢神宮の別宮）

31 アマテラス

神々の頂点に立つ太陽神

黄泉の国まで行きながら妻の奪還《だっかん》に失敗した**イザナギは、死者の世界で穢《けが》れた体を清めようと禊《みそぎ》を行ないます。**この時にも神々が誕生してくるのですが、その**最後***にアマテラス・ツクヨミ・スサノオが生まれます。**

イザナギは「たくさん子を生んできたが、最後に貴い三柱の子を得た」と言い、ここからこの三神は三貴子《さんきし》と呼ばれます。

イザナギはアマテラスに天上の神々の世界・高《たか》天原《まがはら》、ツクヨミに夜の国、スサノオに海原の統治を命じますが、スサノオは母のいる根《ね》の国に行きたいと泣いてばかりいたため、イザナギに追放されてしまいます。

スサノオは根の国に行く前にアマテラスに別れの挨拶をしようと高天原へ行きますが、攻め込んできたと疑われ、「うけい」という占いをすることになります（第43項参照）。

これに勝った**スサノオが暴虐な振る舞いに及んだため、アマテラスは怒って天の岩屋に身を隠してしまいます。**

太陽神が隠れたため世は天上も地上もまっ暗になってしまい、さまざまな災いが起こりました。

困った神々は鏡と勾玉《まがたま》をつくって岩屋の前で祭りを行ない、アマテラスを誘い出しました。

この神話は日食あるいは冬至《とうじ》を表わしているとも、アマテラスがより強い神として生まれ変わることを示しているともいわれます。

その後、アマテラスは神々の指導者として、孫のニニギ（瓊瓊芸命）を地上統治のために派遣したり（第37項参照）、神武《じんむ》天皇が熊野で危機に陥った際にタケミカヅチ（第36項参照）に救助を命じるといった活躍をしています。

用語解説

* **その最後**　『日本書紀』の本文では神生みの最初に三貴子を生んでおり、イザナミも死なない。

アマテラス

～天皇の祖先の太陽神～

天の岩屋から引き出されるアマテラス

アマテラスの主な活躍

- 三貴子の一柱として天上を治める。
- スサノオの暴挙を怒って天の岩屋に隠れる。
- 地上平定の使者を派遣。
- 地上統治のため孫のニニギを派遣。
- 神武天皇の救援をタケミカヅチに命令。

三貴子の一柱、ツクヨミ

お祀りしている主な神社

- 伊勢神宮内宮（三重県伊勢市）
- 各地の神明宮、神明神社
- 熱田神宮（愛知県名古屋市）

32 スサノオ

——三貴子でありながら出雲の神でもある英雄神

アマテラスの天の岩屋隠れを引き起こしたスサノオは、賠償をさせられたうえ、ヒゲを剃られ手足の爪を抜かれて、地上へ追放になります。

そして、降り立ったところが出雲の斐伊《ひい》川の上流でした。

その川に箸《はし》が流れてきたのを見たスサノオは、川上に人が住んでいるのだろうと思い、そこへ向かいました。

すると、そこには娘を間にして泣いている老夫婦がいました。

聞くと、ヤマタノオロチという頭が8つある怪物が毎年やってきて娘を食べていくのだが、今年はこのクシナダヒメの番なので泣いていると言います。

これを聞いたスサノオは、**クシナダヒメを妻に迎えることを条件に、ヤマタノオロチの退治を申し出ました。**

スサノオは門が8つある柵をつくらせ、その門ごとに酒を入れた桶を置いて待ち伏せをしました。そして、ヤマタノオロチが酔い伏したところで斬り殺したのです*。

約束を果たしたスサノオは須賀《すが》という地に宮を建て、クシナダヒメと暮らしました。出雲の八重垣《やえがき》神社・須我神社は、そのゆかりの地に鎮座しているとされます。

出雲神話でもっとも重視されるオオクニヌシは、スサノオとクシナダヒメの子孫とされます。何代後なのかは『古事記』と『日本書紀』で異なり、『古事記』では6代後としています。

こうして出雲に宮を構えたスサノオでしたが、**最終的には当初の目的地であった根の国へ赴《おもむ》き、オオクニヌシの神話では、根の国の王として登場してきます**（次項参照）。

用語解説

＊**斬り殺した**　この時、ヤマタノオロチの尾から剣《つるぎ》が見つかり、スサノオはこれをアマテラスに献上した。これが三種の神器の１つの草薙剣《くさなぎのつるぎ》の由来とされる。

スサノオ

〜大和と出雲の神話をつなぐ暴れん坊の神〜

ヤマタノオロチを退治するスサノオ

スサノオの主な活躍（主に『古事記』による）

- イザナギに海原の統治を命じられるが泣いてばかりいたためイザナギより追放される。
- 根の国に赴く前に高天原のアマテラスに挨拶に向かうが、横暴な振る舞いでアマテラスを天の岩屋に籠らせてしまう。
- その罪により天上からも追放となり、出雲に降下。
  この地でヤマタノオロチを退治してクシナダヒメと結ばれる。
- その子孫からオオクニヌシが生まれる。

お祀りしている主な神社

- 須佐神社（島根県出雲市）
- 熊野大社（島根県松江市）
- 八坂神社（京都市東山区）
- 津島神社（愛知県津島市）

33 オオクニヌシ

地上の神々の王で、出雲神話の最高神

オオクニヌシは多くの名前をもつ神様としても知られています。

代表的なものをあげると、大国主神（大いなる国の主の神）・大穴牟遅《おおあなむぢ》神（多くの功名をたてた神）・葦原《あしはら》色許男《しこお》神（地上の勇者神）・八千矛《やちほこ》神（多くの武力をもつ神）・宇都志国玉《うつしくにたま》神（大地の神霊たる神）などがあります*。

カッコのなかに示した意味からわかるように、これらの名前はオオクニヌシの偉大さを表す称号です。いかに**オオクニヌシが崇敬されていたかがわかります。しかし、最初からそのように強い神ではありませんでした。**

オオクニヌシの神話では「因幡《いなば》の白ウサギ」の話が有名ですが、この時のオオクニヌシは稲葉（因幡）のヤガミヒメ（八上比売）に求婚しに行く八十神《やそがみ》と呼ばれる兄たちの荷物もちをさせられていました。

ところが、**白ウサギを助けた知恵と優しさから、ヤガミヒメの結婚相手に選ばれました。**

逆恨みした八十神たちはオオクニヌシに迫害を加え、2度も死に至らしめます。

母神の献身で復活は遂げましたが、**さらなる迫害を恐れて根の国のスサノオのもとに逃げることにしました。**

スサノオはいくつもの試練を与えますが、オオクニヌシはそれを乗り切り、**スサノオの娘のスセリビメ（須勢理毘売命）と宝物をもって地上に戻ります。そして、八十神を討って地上の王になりました。**

その後、オオクニヌシはスクナビコナやオオモノヌシの力を借りて地上の開発に努めます。

ところが、アマテラスが地上の統治は自分の子孫がすべきだと考え、国を譲るよう使者を送ってきたのです（以下、第36項参照）。

用語解説

＊**大国主神～**　表記は『古事記』による。『日本書紀』では大己貴命《おおなむちのみこと》・葦原醜男《あしはらしこお》神・八千戈《やちほこ》神・顕国玉神《うつしくにたまのかみ》と書く。

オオクニヌシ

～試練を超えて地上の神の王となった神～

稲羽（因幡）の白ウサギを助けるオオクニヌシ

オオクニヌシの主な活躍（主に『古事記』による）

- 八十神たちが稲羽のヤガミヒメに求婚しに行くのに荷物もちとして同行するが、途中で毛皮をはがされた白ウサギを助け、ヤガミヒメの相手に選ばれる。
- 八十神の怨みを買い、２度にわたって殺される。さらなる迫害を恐れて根の国へ赴き、王となったスサノオの試練を受ける。
- スサノオの娘（スセリビメ）と宝物をもって地上に戻り、八十神を討つ。
- スクナビコナと地上の開発。パートナーは途中でオオモノヌシに替わる。
- アマテラスの使者に地上の統治権を渡す（国譲り）。

お祀りしている主な神社

- 出雲大社（島根県出雲市）
- 神田神社／神田明神（東京都千代田区）
- 氷川神社（さいたま市大宮区）

34 スクナビコナ

オオクニヌシの国つくりを助けた小さな小さな神

スクナビコナとは小さな男の神といった意味ですが、本当に小さな小さな神様でした。

『古事記』の記述によれば、**オオクニヌシの前に現れた時、蛾《が》の衣を着て、ガガイモ（蔓性の多年草）の実の舟に乗っていた**そうです。

誰もこの神様の名前も素性も知りませんでしたので、もの知りのクエビコ（久延毘古、案山子《かかし》のこと）に尋ねてみますと、カミムスヒ（神産巣日神）の子のスクナビコナだとわかりました。

そこでカミムスヒに確かめますと、確かに自分の子だといいます。指の間からこぼれ落ちたのだそうです。

『古事記』ではこの話の後すぐにスクナビコナが常《とこ》世《よ》の国***に去ってしまい、その活躍は語られませんが、『日本書紀』にはオオクニヌシと協力して国土を開発したこと、医薬のことを広めたことなどが記されています。**

また、出雲国・播磨《はりま》国・伊予《いよ》国などの「風土記《ふどき》」にはオオクニヌシとともに各地を巡ったことが記されています。

そのなかには「大便をせずに遠くまで行くのと、粘土を抱えて遠くまで行くのでは、どちらが遠くまで行けるか」を競い合ったという笑い話のような神話もあります。

こうしたことは、**オオクニヌシとスクナビコナの信仰が、広い地域のさまざまな階層に広まっていた**ことを示すものと思われます。

また、酒の神としての信仰もあり、『古事記』には神功《じんぐう》皇后（第40項参照）が詠んだ「この酒は私がつくったものではなく、常世の国におられるスクナビコナが褒め称えて贈ってこられたもの、残さず飲むべし」といった意味の歌が載せられています。

用語解説

* **常世の国**　海の向こうにあるとされた不老長寿の国。文献によって語られ方がさまざまで、死者の世界とするものもある。

スクナビコナ

～知恵豊かな小さな神～

オオクニヌシが引いた温泉で病が癒《い》えたスクナビコナ

スクナビコナの主な活躍（『古事記』・「風土記」による）

- 出雲の美保《みほ》岬にオオクニヌシがいる時にガガイモの舟に乗ってやってきた。
- オオクニヌシの国つくりを助ける。また、人と家畜の医療法を広め、害虫害獣の予防策を教えた。
- 伊予国（愛媛県）で病んだ際、オオクニヌシが別府から地下を通して温泉を運び、その湯につからせて癒した（『伊予国風土記』より）。
- 国つくりの途中で常世国へ去ってしまった。

お祀りしている主な神社

- 淡嶋《あわしま》神社（和歌山市加太）
- 生根《いくね》神社（大阪市住吉区）
- 少彦名《すくなひこな》神社（大阪府中央区）

35 サルタビコ

天孫ニニギの降臨を先導した異相の神

祖母のアマテラスから地上統治の命を受けたニニギが、地上に向かった時のことです（このことについては第37項でくわしく述べます）。

天の八衢《やちまた》（辻）に立って、上は高天原、下は大地にまで届く光で照らしている神様がいました。

『日本書紀』にはこの神様のくわしい描写があります。それによると、鼻が長くて背が高く、口の端が明るく光っている。目は巨大な鏡のようで、それが輝くところは赤ホオズキみたいだったそうです。

その眼光があまりに鋭いため、どの神も問いかけることができませんでした。

そこでアマテラスはアメノウズメ*に「お前は女神ではあるがにらみ合いで負けない神だ。行って、なぜそこに立っているのか聞いてまいれ」と命じたのです。

そこでアメノウズメがその神を問いただすと、

「私はサルタビコ（猿田彦神）という国《くに》つ神です。天《あま》つ神の御子（ニニギのこと）が天降りされると聞いて、道案内のためにやってきました」

と答えたのでした。この神話から**サルタビコは「道開きの神」として信仰されています。**

また、道中の安全を守る神であることから道祖《どうそ》神《じん》と同一視されることもあります。

また、鼻が長いとされることから、近世には天狗と混同されました。

お祭りの神楽などで天狗とおかめ（お多福）がセットで登場してきた時は、サルタビコとアメノウズメを表していると考えてよいでしょう。

『古事記』はサルタビコは比良夫貝《ひらぶがい》に手をはさまれて死んだと述べ、この時の様子を底《そこ》どく御魂《みたま》・つぶたつ御魂・あわさく御魂が生じたと述べています。実に謎めいた最期です。

用語解説

＊**アメノウズメ**　アマテラスが天の岩屋に隠れた時、その前で胸をさらけだして踊り、アマテラスの注意をひいた神。この功績で猿女君《さるめのきみ》という名をもらった。

サルタビコ

～天孫降臨を先導した道開きの神～

天の八衢でニニギを出迎えたサルタビコ

サルタビコの主な活躍（『古事記』による）

- ニニギが高天原から地上へ降下しようとした時、道案内をしようと天の八衢で待ち構えていた。その様子があまりに恐ろしいので神々は問いただすことすらできなかったが、アメノウズメがその名を聞き出した。
- 道案内を終えた後、アメノウズメに送られて地元に帰る。
- 比良夫貝に手を挟まれて溺《おぼ》れ死ぬ。

お祀りしている主な神社

- 椿大神社《つばきおおかみやしろ》（三重県鈴鹿市）
- 猿田彦《さるたひこ》神社（三重県伊勢市）
- 白鬚《しらひげ》神社（滋賀県高島市）

36 タケミカヅチ・フツヌシ・タケミナカタ

――国譲り神話で敵味方に分かれた武神

第33・34項で述べたように、オオクニヌシは敵対する八十神を倒し、国土の開発を行なって、地上の神々（国つ神）の王として尊崇されるようになりました。

しかし、もともと**日本の国土はイザナギ・イザナミによって生み出されたものですから、その御子で後継者でもあるアマテラスが統治すべき場所**だといえます。

そこでアマテラスはオオクニヌシに対して統治権の譲渡（国譲《くにゆず》り）を迫る使者を送りました。

ところが、使者たちはオオクニヌシに懐柔《かいじゅう》されてしまい、天上界へ報告すらしないという有様でした。

そのようなことが続いたため、**アマテラスは実力行使をすべく武神の派遣を決めました。**

奇妙なことに、『古事記』と『日本書紀』で派遣された武神が違っています。

『古事記』ではタケミカヅチが派遣されたとありますが、『日本書紀』ではフツヌシが派遣されることになったが、タケミカヅチが不満を述べたので副将とされたとあります。

『古事記』をもとに話を続けますと、**出雲の稲佐《いなさ》の浜に降りたタケミカヅチは逆さに立てた剣の上に座ってオオクニヌシに国譲りを迫りました。**

これに対しオオクニヌシは御子神たちに聞いてほしいと言い、その一柱のコトシロヌシは国譲りに賛成しましたが、もう一柱のタケミナカタ（建御名方神）はタケミカヅチに力比べを挑みました。

しかし、若い葦《あし》の葉を扱うように投げ飛ばされてしまい、信州の諏訪に逃げ込んだのでした。

これを見たオオクニヌシは国譲りを承諾し、代わりに立派な宮*をつくってほしいと言ったのです。

用語解説

*立派な宮　その願いに応じてつくられたのが出雲大社だという。しかし、『出雲国風土記』では出雲の神々がオオクニヌシのためにつくったとする。

タケミカヅチ・フツヌシ・タケミナカタ

〜国譲りで活躍した武神たち〜

お祀りしている主な神社

- タケミカヅチ → 鹿島神宮（茨城県鹿嶋市）
  春日大社第一殿（奈良市春日野町）
- フツヌシ ——→ 香取神宮（千葉県香取市）
  一之宮貫前《ぬきさき》神社（群馬県富岡市）
  春日大社第二殿
- タケミナカタ → 諏訪大社（長野県諏訪地方）

37 ニニギとコノハナノサクヤビメ

天上と地上をつないだ聖なる結婚

ここまでニニギと書いてきましたが、実は本当の名前はもっと長いものです。『古事記』の表記でいうと天邇岐志国邇岐志天津日高日子番能邇邇芸《あめにきしくににきしあまつひこひこほのににぎ》命《みこと》*といいます。

アマテラスの孫にあたるので天孫《てんそん》とも呼ばれます。このニニギが統治のために地上に降ったのですが、もともとは父のアメノオシホミミ（天忍穂耳命）が天降りするはずでした。

ところが、アメノオシホミミが地上を眺めてみると、国つ神たちがわがもの顔で騒いでいて、とても統治できる状態ではありませんでした。そこで国譲りの使者が派遣されることになったのです。

その後、国譲りが成立するまで時間がかかりましたので、その間に誕生したニニギが父の代わりに天降ることになったのです。

地上に降り立ったニニギは、笠沙《かささ》の岬（薩摩半島南西部ともいう）で美女と出会いました。コノハナノサクヤビメです。

ニニギが求婚をすると、サクヤビメは父のオオヤマツミ（大山津見神）の許しをとってほしいと言います。そこで**オオヤマツミを訪ねると、大層喜んで姉のイワナガヒメ（石長比売）も妻にと差し出しました。**

しかし、**ニニギはイワナガヒメが醜かったため、サクヤビメだけを妻としました。**

怒ったオオヤマツミは「イワナガヒメを妻にしていれば岩のように長い寿命が得られたのに、これでは**天つ神の子孫は花のように短い寿命になる**だろう」と呪ったのです。

その後、コノハナノサクヤビメは1度の交わりで妊娠したことをニニギに疑われ、潔白を証明するため産屋《うぶや》に火をつけて無事出産してみせました。

用語解説

* **邇邇芸命**　『日本書紀』では天津彦彦火瓊瓊杵尊・天饒石国饒石天津彦火瓊瓊杵尊などとしている。

ニニギとコノハナノサクヤビメ

～人類の運命を変えた結婚～

コノハナノサクヤビメ

ニニギと随行者

ニニギとコノハナノサクヤビメの結婚の顛末

- ニニギ、アマテラスより地上統治を命ぜられ、三種の神器《じんぎ》と稲をもって地上に降下。
- コノハナノサクヤビメに一目惚れしたニニギは、彼女の父のオオヤマツミに結婚の許可を求める。喜んだオオヤマツミは姉のイワナガヒメも一緒に差し出すが、醜かった姉を帰してしまう。怒ったオオヤマツミの呪いでニニギの子孫（天皇）の寿命が短くなる（『日本書紀』ではイワナガヒメの呪いで人間の寿命が短くなる）。
- １回の交わりで妊娠したことを疑われ、怒ったコノハナノサクヤビメは産屋に火をつけ、そのなかで無事に出産。

お祀りしている主な神社

- ニニギ → 霧島神宮（鹿児島県霧島市）
- コノハナノサクヤビメ → 富士山本宮浅間大社（静岡県富士宮市）

38 神武天皇・桓武天皇・明治天皇

――時代を拓き神として祀られた天皇たち

神社に祀られている天皇はこの3人だけではないのですが、**いずれも時代を切り拓いた天皇**であり、かつ初詣などで多くの参拝者を集める神社のご祭神であることから1項目にまとめてみました。

まず、**神武《じんむ》天皇は、ご存じの方も多いと思いますが、初代の天皇です。**

九州の日向《ひむか》から帰順しない神や部族を平定しながら東へ進み、ついに国内を統一して大和の橿原《かしはら》で即位*をしました。

この壮挙によって、アマテラスがニニギに託した地上統治の命が達成されたともいえます。

そうしたこともあって、『古事記』『日本書紀』では神武天皇の登場をもって神話の時代を終えています。

桓武《かんむ》天皇は平安遷都《せんと》を行なった天皇です。

奈良時代は興福寺や東大寺などの寺院が大きな力をもち、政治にも影響を及ぼすようになった時代でした。桓武天皇はそれらを断ち切る意味もあって遷都を実行したのです。

この遷都がなければ、『源氏物語』に代表される華麗な平安文化も生まれなかったかもしれません。

明治天皇も遷都を行なった天皇です。都が初めて関東に移ったのです。これとともに日本の近代も始まったことは、みなさんもよくご承知の通りです。

明治天皇は数多くの和歌を残されたことでも知られます。

それらの歌のなかには神社で授与されているおみくじに用いられているものも数多くあります。

この3天皇がお祀りされている神社（橿原《かしはら》神宮・平安神宮・明治神宮）は近代の創建ではありますが、いずれも国民の崇敬を集めています。

用語解説

* **橿原で即位**　神武天皇を祀る橿原神宮は、神武天皇が即位をした橿原宮があったとされる場所に鎮座している。

神武天皇・桓武天皇・明治天皇

〜神として祀られる代表的な天皇たち〜

神武《じんむ》天皇（？）

- 初めて国内を統一し、初代天皇となる。
- 橿原《かしはら》神宮（1890 年創建・奈良県橿原市）に祀られる。

金鵄《きんし》を弓にとまらせた神武天皇

桓武《かんむ》天皇（737〜806年）

- 第 50 代天皇。平安遷都を行ない人心を一新した。
- 平安神宮（1895 年創建・京都市左京区）に祀られる。

中国の皇帝風の装束を着た桓武天皇

明治天皇（1852〜1912年）

- 第 122 代天皇。王政復古、明治維新を指導し近代日本の幕を開けた。
- 明治神宮（1920 年創建・東京都渋谷区）に祀られる。

洋装の明治天皇

39 ヤマトタケル

日本各地に伝承を残す哀しき英雄神

おそらく**日本神話に登場する神様のなかで、もっとも多くの人に親しまれてきたのがヤマトタケル（倭建命・日本武尊）**でしょう。それは、**日本各地に伝説が残されている**ことからもわかります。

ヤマトタケルの話は『古事記』『日本書紀』や「風土記」などに記録されているのですが、本によって描かれ方に違いがあります。

『古事記』では、強すぎるために父の景行《けいこう》天皇に恐れられ遠征に追いやられる悲劇の英雄として描かれていますが、『日本書紀』では天皇のリスペクトを受ける模範的な戦士となっています。

ここでは『古事記』に基づいて説明します。

ヤマトタケルはまず南九州にいた熊襲《くまそ》の討伐《とうばつ》を命じられます。彼らの本拠地に潜入したヤマトタケルは、叔母のヤマトヒメ（倭比売命）*から貰った衣装で女装をして宴席に忍び込み、長《おさ》のタケル兄弟を斬り殺しました。

続いて東征《とうせい》を命じられたヤマトタケルは、相模《さがみ》の国（神奈川県の一部）で火攻めに遭いましたが、ヤマトヒメから授かった草薙剣《くさなぎのつるぎ》と火打ち石で迎え火をつけて返り討ちにしています。

また、浦賀水道で嵐に遭った際には、后のオトタチバナヒメ（弟橘比売命）が身を犠牲にして一行を助けました。

東国の服属しない部族や神を平定して尾張（愛知県）まで戻ったところでミヤズヒメ（美夜受比売）と結ばれますが、草薙剣を彼女のもとに置いて伊吹山の神を退治に向かったところで病にかかり、三重の能褒野《のぼの》で薨去《こうきょ》しました。

なお、**ミヤズヒメのところに草薙剣を置いていったという話は、熱田神宮（名古屋市）が草薙剣をご神体としていることの由来となっています。**

用語解説

* **ヤマトヒメ**　垂仁《すいにん》天皇の皇女。八咫《やた》の鏡に宿るアマテラスの神霊の鎮座場所を求めて各地をめぐり伊勢に至った。これが伊勢神宮の起源とされる。

ヤマトタケル

～父の命により遠征を続けた悲劇の英雄～

オオカミの案内で山中を行軍するヤマトタケル

ヤマトタケルの主な活躍（主に『古事記』による）

- 父である天皇の命に従わない兄を虐殺。
- 西征
  - 叔母のヤマトヒメの衣装で女装してクマソタケル兄弟を討つ。
  - イズモタケルをだまし討ちにする。
- 東征
  - 焼津の野で火攻めに遭うが草薙剣を用いて返り討ちにする。
  - 走水《はしりみず》の海（浦賀水道）を渡ろうとしたが海が荒れ、オトタチバナヒメの犠牲で助かる（吾妻《あつま》という地名の由来となった）。
  - 尾張国のミヤズヒメと結ばれる。
  - 伊吹山の神退治に向かうが病を得て、三重の能褒野《のほの》に没す。
- 天皇として東国を視察する（『常陸国風土記』による）。

お祀りしている主な神社

- 大鳥《おおとり》大社（大阪府堺市）
- 草薙《くさなぎ》神社（静岡市清水区）
- 焼津神社（静岡県焼津市）

40 神功皇后

夫・仲哀天皇の代わりに新羅遠征を成し遂げた女傑

神功《じんぐう》皇后は第14代仲哀《ちゅうあい》天皇の皇后ですが、『古事記』も『日本書紀』も天皇に準じる扱いをしています。

それは、**歴代天皇に負けない活躍をしている**からにほかなりません。

神功皇后が表舞台に登場することになったのは、仲哀天皇の突然の死によってでした。「西にある金銀宝石に満ちた国を与えよう」という託宣《たくせん》を信じなかったため神罰が当たったのです。

皇后は国中の罪穢《けが》れを祓《はら》って、改めて託宣を求めました。

すると、神様は託宣がアマテラスと住吉神（第42項参照）の意志であることを明かし、祭祀の方法を教えたのでした。

皇后がその通りにすると、**海の魚たちが皇后の軍船を背負い、風も強く後押ししたので、あっという間に新羅《しらぎ》に至り、国の半ばまで進んだといいます。**

これに恐れをなした新羅王は服属を誓ったと『古事記』は記しています＊。

妊娠をしていた皇后は、**出征中に産気づかないように帯に石を入れて押さえていましたが、帰国後、無事に出産をしました。**

のちの応神《おうじん》天皇の誕生です。

ところが、この子の即位を阻もうと異母兄弟たちが軍を起こしたのです。**皇后は「皇子は死んだ」という噂を流して異母兄弟を油断させ、返り討ちにしました。**

『日本書紀』によると、皇后は遠征の帰路に遠征を守護した神様を順次祀ったとされ、現在も住吉神社（山口県下関市）・長田神社（兵庫県神戸市）・生田神社（兵庫県神戸市）・廣田神社（兵庫県西宮市）・住吉大社（大阪市）といったゆかりの神社が鎮座しています。

用語解説

＊ **『古事記』は記している**　この遠征神話が歴史的事実を反映したものなのかについては議論がある。

神功皇后

～身重の体で遠征を成し遂げた応神天皇の母～

遠征に向かうため武装した神功皇后

神功皇后の主な活躍

- 夫である仲哀天皇と熊襲《くまそ》討伐のため筑紫《つくし》に向かうが、天皇が神託を信じず急逝《きゅうせい》。
- 神託を受け直し、それに従って身重のまま新羅へ遠征し勝利を得る。帰国後に出産(のちの応神天皇)。
- 応神天皇の異母兄弟の反乱を鎮め、幼い皇子の摂政として 69 年にわたって政治を行なう。

お祀りしている主な神社

- 住吉大社（大阪市住吉区）
- 香椎宮《かしいぐう》（福岡市東区）
- 聖母宮《しょうもぐう》（長崎県壱岐市）

41 応神天皇（八幡神）

武神になったヤマトタケルの孫

第38項で神社に祀られた天皇のことを書きましたが、応神天皇は事情が少し違います。

前項で述べたように、**応神天皇は仲哀天皇と神功皇后の間に生まれました。仲哀天皇はヤマトタケルの皇子ですので、生まれながらに神として祀られる運命だったといっても過言ではないでしょう。**

それを裏づける不思議な伝承が『古事記』『日本書紀』に残されています。

応神天皇が12歳の時のことです。忠臣の武内宿《たけのうちのすく》禰《ね》とともに敦賀《つるが》の氣比《けひ》神宮を参拝すると、夢にご祭神のイザサワケ（伊奢沙和気大神）*が現れて御子（応神天皇のこと）と名前を交換したいと言ってきたのです。

申し出を受け入れると、喜んだ神はイルカを浜に打ち上げてお礼の品としました。

歴代天皇はさまざまな形で神様と関わってきましたが、名前を交換したのは応神天皇だけです。なぜイザサワケが名前の交換を望んだのか、理由は示されておらず、謎に満ちています。

このように**幼い頃から霊威を示していた応神天皇ですが、神として祀られるようになったのは没後だいぶ経ってからのことです。**

石清水八幡宮《いわしみずはちまんぐう》に伝わる古文書によると、欽明《きんめい》天皇の32年（571年）に、今の宇佐神宮（大分県宇佐市）の場所に**少年の姿の神様が現れて、「我は誉田《ほむた》天皇広幡八幡麻呂《ひろはたやわたまろ》なり」と言われたそうです。誉田天皇とは応神天皇の本来の名前です。これにより八幡《やはたの》神《かみ》とも呼ばれるようになりました。**

その後、宇佐神宮は各地に分社（八幡宮・八幡神社）が建てられ、貴族や武士の間に信仰が広まっていきました。とくに源氏は武門の神として篤く崇敬しました。

用語解説

* **イザサワケ** 『古事記』は伊奢沙和気大神、『日本書紀』は去来紗別尊と記す。『日本書紀』は「応神天皇の本来の名前がイザサワケだったのだろうか」と疑問を呈している。

応神天皇（八幡神）

～武士に崇敬された天皇～

衣冠束帯《いかんそくたい》姿の応神天皇（八幡神）

僧形八幡神

応神天皇（八幡神）の主な活躍

- 在世中に多くの渡来人が来日し、先進的な技術や学問を伝えた。
- 少年時代に建内宿禰《たけのうちのすくね》と敦賀の氣比《けひ》神宮を参拝し、ご祭神のイザサワケと名前を交換した。
- 欽明天皇 32 年（571 年）に宇佐に示現し、自ら「応神天皇である」と告げられた。

お祀りしている主な神社

- 宇佐神宮（大分県宇佐市）
- 石清水八幡宮（京都府八幡市）
- 鶴岡八幡宮（神奈川県鎌倉市）

42 住吉神

航海守護の神であり文学・商売の神でもある

住吉神《すみよしのかみ》は三柱で1つの神様をなしています。

意外に思われるかもしれませんが、実は同様の神様はほかにもいます。次項で述べる宗像三女神《むなかたさんじょしん》もそうですし、海の神であるワタツミ（綿津見神）もそうです。

意味あいは少し違いますが、アマテラス・ツクヨミ・スサノオの三貴子も三柱からなっています。神を三柱で1組とするのは、神道の特徴の1つといえるかもしれません。

興味深いのは、**住吉神が人の前に姿を現す時は1人の姿であることで、多くの場合、老人の格好をしています。**能の「高砂《たかさご》」や「雨月《うげつ》」には、そうした住吉神が登場しています。

その住吉神は黄泉の国から戻ったイザナギが海で禊《みそぎ》をした時に生まれました（第31項参照）。

海の底で身をすすいだ時にソコツツノオ（底筒之男命）、海中ですすいだ時にナカツツノオ（中筒之男命）、海面ですすいだ時にウワツツノオ（上筒之男命）が誕生したといいます。

この時、三柱のワタツミの神も同時に生まれています。

その後、住吉神が神功皇后の新羅遠征を守護したことは、第40項で述べた通りです。

『日本書紀』によると、神功皇后は遠征の帰路、お告げに従って、住吉神の荒魂《あらみたま》*を穴門《あなと》の山田邑《やまたむら》に、和魂《にぎみたま》を大津の渟中倉《ぬなくら》の長狭《ながさ》に祀りました。これが住吉神社（山口県下関市）と住吉大社（大阪市）の起源とされます。

住吉神は神功皇后の新羅遠征を守護したことから、航海、とくに外国航路の航海を護る神として信仰されました。また、和歌の神・農業の神・弓の神・相撲の神としても信仰されてきました。

用語解説

* **荒魂**　神霊の攻撃的な一面。疫病や災害を起こすこともある。これに対して和魂は人に豊作などの幸いをもたらす。

住吉神

～神功皇后の遠征を護った航海と商売・文学の神～

イザナギが禊をした時に、ワタツミ三神とともに生まれた住吉三神

住吉神の主な活躍

- イザナギが禊をした時にワタツミ三神とともに誕生。
- 仲哀天皇に新羅遠征を勧める神託をするも天皇は信じず急逝。後を継いだ神功皇后を守護し、遠征を成功させる。
- 遠征の岐路、託宣により山口県下関市に荒魂《あらみたま》を、大阪市住吉区に和魂《にきみたま》が祀らせた。

老人の姿で現れることが多い

お祀りしている主な神社

- 住吉大社（大阪市住吉区）
- 住吉神社（山口県下関市）
- 住吉神社（福岡市博多区）

43 宗像三女神

アマテラスとスサノオの「うけい」から生まれた海の守り神

宗像《むなかた》大社（福岡県宗像市）のご祭神はタゴリヒメ（田心姫神）・タギツヒメ（湍津姫神）・イチキシマヒメ（市杵島姫神）という三柱の神様なので、宗像三女神と呼ばれています（表記は宗像大社に従う）。

この**三柱の神様はそれぞれ沖ノ島の沖津宮、大島の中津宮、本土の辺津宮《へつぐう》に鎮座しています。**

行事や神社経営は陸の辺津宮が中心になっていますが、信仰の上で重要なのは沖津宮です。

沖津宮が鎮座する沖ノ島は、玄界灘《げんかいなだ》のほぼ中央、辺津宮から60キロ、対島の厳原《いづはら》まで75キロ、韓国の釜山《プサン》へは１４５キロという海上交通の要衝にあります。

宗像三女神は、この要衝にあって朝鮮半島や中国との間を往来する船の安全を守っていました。

このように重要な神様ですから、**その祭祀には朝廷が直接関与していました**＊。

宗像三女神の誕生神話からも朝廷との関わりの深さがわかります。

三女神の誕生は、スサノオがアマテラスに別れの挨拶をするために高天原へ昇った時にさかのぼります。天上を征服しに来たと疑われたスサノオは、身の潔白を証明するため、「うけい」という占いをしようともちかけました。

「うけい」とは、物事が宣言通り起こるかによって正邪や神慮《しんりょ》にかなっているかを判断するものです。

アマテラスとスサノオは神生みをしてスサノオの潔白を確かめることにしました。そして、**アマテラスがスサノオの剣を噛み砕いて吹き出した息から生じたのが、宗像三女神だったのです。**

アマテラスは三女神にこう言ったとされます。

「交通の要衝に降下して、天皇のまつりごとを助け、天皇の祭祀を受けなさい」

用語解説

＊**朝廷が祭祀に直接関与していた**　沖ノ島にはそうした祭祀の跡（４世紀～10世紀頃）が、ほぼそのまま残されていた。ここから海の正倉院《しょうそういん》とも呼ばれる。

宗像三女神

～遣唐使も航海の無事を祈った国際航路の守護神～

アマテラスとスサノオが「うけい」を行なった際、
アマテラスがスサノオの剣を噛んで出した息吹から三女神は生まれた

宗像三女神の主な活躍

- スサノオの潔白を証明するためアマテラスと「うけい」を行なった時、アマテラスの息吹から誕生。
- アマテラス、三女神に「天孫の助け奉りて、天孫の為に祭られよ」と命じて海上交通の要所に鎮座させる（『日本書紀』による）。
- 紅い帆を張った舟に乗って厳島へ。佐伯鞍職《くらとも》が祀る（厳島神社の創始）。

お祀りしている主な神社

- 宗像大社（福岡県宗像市）
- 嚴島《いつくしま》神社（広島県廿日市市）
- 江島《えのしま》神社（神奈川県藤沢市）

44 熊野大神

上皇から庶民まで篤く信仰した熊野三山の神様

熊野三山といっても山が3つあるわけではありません。熊野本宮《ほんぐう》大社（和歌山県田辺市）・熊野那智《なち》大社（和歌山県那智勝浦町）・熊野速玉《はやたま》大社（和歌山県新宮市）のことなのです。近世までは三所権現《さんしょごんげん》とも呼ばれました。

熊野は古くから霊地と考えられていました。一説によると熊野という地名は、「神が籠《こ》もる」という意味だといいます。

実際、『日本書紀』はイザナミが葬られたのも熊野*だといい、三重県熊野市の花窟《はなのいわや》神社がその場所だとされます。

つまり、熊野は死の世界、あるいは死の世界の入り口ととらえられていたのです。しかし、それと同時に、新たな生命を得て再生する蘇《よみがえ》りの地ともされました。

仏教が伝わってからは神仏習合《しゅうごう》の聖地となり、熊野速玉大社の神は阿弥陀如来《あみだにょらい》の化身、熊野那智大社の神は観音《かんのん》の化身、熊野速玉大社の神は薬師《やくし》如来の化身ともいわれるようになりました。

そして、**熊野を詣《もう》でれば現当二世《げんとうにせ》（現世と来世のこと）の安穏が得られると信じられ、上皇から庶民に及ぶ広い階層の人々が熊野詣《もう》でに向かったのです。**その様子は「蟻の熊野詣で」と言われたほどでした。

なかでも熱心だったのが後白河《ごしらかわ》上皇で、33度も熊野詣でをしています。後鳥羽《ごとば》上皇は29度、鳥羽上皇は23度に及びます。

当時の交通事情を考えると、これだけの回数参拝するのは容易なことではありません。いかに深く熊野三山を崇敬していたかが偲《しの》ばれます。

熊野三山の神使《しんし》（お使い）は八咫烏《やたがらす》という3本足のカラスです。熊野で難儀していた神武天皇の一行を大和まで案内した霊鳥です。

用語解説

*イザナミが葬られたのも熊野　『古事記』では出雲国と伯耆《ほうき》国の境（今の島根・鳥取県境）の比婆山《ひばやま》に葬ったとする。

熊野大神

～熊野三山に祀られる神～

家津美御子大神《けつみみこのおおかみ》

熊野本宮大社のご祭神。
食物(ケ)の神であるが、木の神、船の神の信仰もあった。
スサノオと同一視されることもある。

熊野夫須美《ふすみ》大神

熊野那智大社のご祭神。
生産力を神格化した女神と思われる。
イザナミと同一視されることもある。

熊野速玉大神

熊野速玉大社のご祭神。
イザナギの唾より生まれた神で、災いや穢れを祓う。

主な熊野信仰の神社

- 新熊野《いまくまの》神社（京都市東山区）
- 王子神社（東京都北区）
- 熊野神社（山形県南陽市）

45 稲荷神

庶民にもっとも親しまれてきた神様

全国の神社を祭神別に分類すると、八幡神を祀る八幡宮・八幡神社が1番多いといわれます。しかし、路傍《ろぼう》の小祠《しょうし》や屋敷内にある邸内社まで含めると、おそらく稲荷神《いなりのかみ》を祀る神社が1番になるでしょう。

稲荷信仰は全国に広まっていますが、とくに江戸での人気が高く、多いもののたとえにされたほどです。

しかし、もともとは平安遷都前の京都を開拓した渡来系氏族の秦氏《はた》の氏神でした。その創建の由来は『山城国風土記《やましろのくにふどき》』に記されています。

それによると、秦氏の祖先の秦の伊侶巨《いろこ》は富み栄えていたため、餅を的《まと》に矢を射ようとしました。ところが、餅の的は白鳥になって飛び立ち、山に降りて稲になったのです。

そこで伊侶巨はそこに社《やしろ》を建て、社の名前を稲成り（稲荷）とした、というものです。

この餅の白鳥が降り立ったという山が、伏見《ふしみ》稲荷大社（京都市）の本殿裏にそびえる稲荷山です。

この稲荷神の信仰が平安時代以降、全国に広まっていくのですが、これには東寺《とうじ》＊が果たした役割が大きいようです。

東寺に伝わる伝承によると、空海は紀州の田辺で稲荷神と出会い、都に来るようお願いをしたとされます。数年後、稲荷神は2人の婦人と2人の子どもを連れて東寺を訪問してきたので、空海は歓待をしたのち、稲荷神一行を稲荷山に案内して、ここに鎮座するよう言ったとしています。

春に行なわれる伏見稲荷大社の稲荷祭では、神輿《みこし》が東寺の前に立ち寄り、東寺の僧侶たちの読経を受けます。これは稲荷神と空海のエピソードに由来するものともいわれます。

用語解説

＊**東寺**　平安京守護のため西寺《さいじ》とともに計画されたが、建設が進まなかったため空海に託され、真言宗の寺院として整備された。

稲荷神

～秦氏の氏神から庶民信仰の神様に～

特徴である稲穂を担ぎ、鎌を手に、神使であるキツネの背に乗る稲荷神

稲荷神の変貌

- 秦氏の氏神として信仰される。

↓

- 東寺と密接な関係をもつようになり、寺院の鎮守として祀られるようになる。また、貴族にも信仰が広まる。

↓

- 各地の田の神と同一視され、民衆の間にも信仰が広まる。

↓

- 豊作を与える神であることから、殖財《しょくざい》の神とも見られるようになり、商工業者の信仰を集める。

お祀りしている主な神社

- 伏見稲荷大社（京都市伏見区）
- 笠間稲荷神社（茨城県笠間市）
- 祐徳《ゆうとく》稲荷神社（佐賀県鹿島市）

46 菅原道真

雷神から学問の神へ、大きく変貌したご神徳

菅原道真《すがわらのみちざね》といえば天神《てんじん》様であり学問の神様、ということは多くの方がご存じでしょう。しかし、こうした信仰は中世以降のことで、それ以前はまったく違った信仰のされ方をしていました。

生前の菅原道真（845~903年）はすぐれた学者・詩人であり、有能な政治家でもありました。**宇《う》多・醍醐《だいご》天皇に重用されて実力を発揮していましたが、その出世を妬んだ藤原時平《ときひら》の計略により太宰府に左遷されてしまいました。**

その2年後、道真は太宰府で没し、現地で埋葬されました*。

その後、都では異変が続きました。左遷を主導した藤原時平と藤原菅根《すがね》が病死し、皇太子も相次いで世を去りました。さらには清涼殿《せいりょうでん》に落雷があり死傷者を出すという惨事まで起こったのです。

誰もが道真の祟《たた》りだと考えました。当時は**怨みをもって死んだ者の霊が祟りをなすという御霊《ごりょう》信仰が広まっていましたので、道真も御霊になったと考えられた**のです。

左遷が取り消され、正二位《しょうにい》という官位も贈られましたが、怪異は消えないため、神として祀ることとなりました。

すでに民間においては道真を祀ることが行なわれていたので、これを追認する形で京の北野に神社が創建されました。もともと北野では天神（雷神）を祀る習俗があったようで、それと同一視されて道真も天神と呼ばれるようになりました。

この信仰に変化が起きるのは平安末頃のことです。**無実の罪をはらしてくれる神様**というように、プラスのご神徳が説かれるようになったのです。

中世には禅宗での信仰も興り、ここから学問や文芸の神様としての信仰が確立していきました。

用語解説

*現地で埋葬　太宰府天満宮はその墓の上に創建されたと伝えられる。

菅原道真

〜無実の罪をはらす神から学芸の神へ〜

天神様として親しまれている菅原道真は平安中期の貴族

天神信仰の変貌

- 菅原道真（845〜903年）は宇多、醍醐天皇に仕えた貴族、学者。

↓

- 右大臣にまで出世するが藤原時平の中傷で太宰府に左遷され、この地で没した。

↓

- 都に疫病がはやり、清涼殿に落雷があるなどし、道真の政敵が次々と死んだため道真を御霊として祀るようになる。

↓

- 「無実の罪をはらすこと」の神として信仰される一方、禅宗では典籍《てんせき》を日本に伝えた聖人として信仰されるようになる。

↓

- 近世になると和歌の神、学問の神としての信仰が広まる。

お祀りしている主な神社

- 北野天満宮（京都市上京区）
- 太宰府天満宮（福岡県太宰府市）
- 防府《ほうふ》天満宮（山口県防府市）

Column 3

お札・お守り・おみくじ・絵馬・御朱印の正しい扱い方

神社から参拝者に授与されるものは大きく分けて2種類ある。神札類と縁起物である。

神札類は神様の霊威が宿っているもので、神札（お札）やお守りがこれに当たる。

これらはいわば神様の分身なので、不浄な場所に置いてはいけない。

神札は神棚に祀るか、目線より高く清浄な場所にお祀りする。できれば南向きか東向きに奉安する。

お守りは身につけるようにした神札なので、身近なもの（衣服や鞄など）につけておけばよいのだが、汚しやすいので注意が必要。

おみくじ・絵馬などの縁起物には霊威は宿っていないが、神様からの授かりものなので粗末にしてはいけない。

おみくじは本来いただいて帰るものであるが、悪い内容であったり、縁結びの願掛けをする時は、境内の指定の場所に結んでいく。

絵馬は奉納するのが本来のあり方。しかし、記念にもって帰ってもかまわない。

御朱印《ごしゅいん》は参拝の証なので、参拝を終えてからいただくのが原則。

神社の印が捺《お》されているので神札に準ずるものということもできる。穢れのない場所で保管しよう。

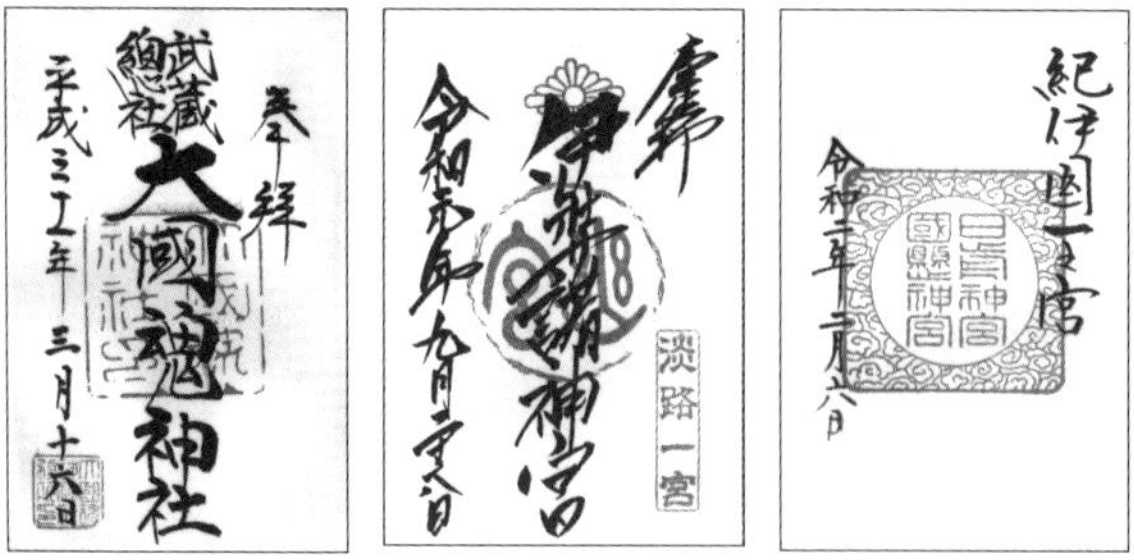

神社でいただける御朱印

第4章

意外と知らない お祭りと神社の関係

47 神社とお祭りってどんな関係があるの？

神社はお祭りを行なう聖地

神道《しんとう》の特徴の1つとして、仏教やキリスト教のような聖典《せいてん》＊がないということがあげられます。

『古事記』は聖典ではないのかと思われる方もおられるでしょうが、『古事記』も『日本書紀』も歴史書として編纂《へんさん》されたもので、聖典と呼べるものではありません。なぜなら、そこには聖典には不可欠な教義が記されていないからです。

仏教やキリスト教は聖典を拠《よ》り所として教えを数十世紀にわたって伝えてきました。では、聖典をもたない神道は、どうやって教えを継承し広めてきたのでしょうか。

さまざまな要因が考えられますが、そのなかでも大きな役割を果たしたのが神話とお祭りです。**神話を語り伝え、お祭りを繰り返し行なうことを通じて、価値観や世界観を伝えてきたのです。**

とくに**お祭りは「神話（時代）の再現」と「神様を喜ばせる」の2点で、神道の継承に重要な役割を果たしてきました。**

「神話（時代）の再現」は、ご祭神が出現した場所への神輿渡御《みこしとぎょ》や、神話を題材とした神楽《かぐら》、神話を語る祝詞《のりと》など、お祭りによって方法は異なりますが、これによってご祭神《さいしん》が活躍した頃のことや神社が創建された時代を人々に想起させ、神道が理想とするものを伝えてきました。

一方、神様を喜ばせることは、災害などが起きないようにお願いする目的がありました。そして、供《く》物《もつ》や芸能の奉納などの歓待《かんたい》によって威力を増した神様の霊力を分けてもらうものでした。

そして、**神社はこうしたお祭りが行なわれる聖地**なのです。もちろん、神社の外で行なわれるお祭りもありますが、**神社という場があったからお祭りは維持されてきたのです。**

用語解説

＊**聖典**　キリスト教は『聖書』、仏教は『法華経《ほっけきょう》』や『般若心経《はんにゃしんぎょう》』などの経典《きょうてん》。

お祭りの２つの側面

神話を再現する

島根県石見《いわみ》地方の秋祭りで演じられる伝統芸能の石見神楽「大蛇《おろち》」や出雲神楽「八《や》岐《またの》大蛇《おろち》」は、スサノオの八岐大蛇退治を再現した神楽。このような演目によって祭神が活躍した頃のことや神社が創建された時代を人々に想起させる。

神様を歓待する

供物や神楽などの芸能の奉納によって神を歓待し、リフレッシュし、パワーを増した神の力を人間にも分け与えてもらう。

48 お祭りと神事はどう違うの？

お祭りはたくさんある神事の1つ

「神事」は正式には「かみごと」と読みます。人間が生きる現世の事象（顕露事《あらわにごと》）に対する神々の世界や死者の世界の事象を指す場合もありますが、多くの場合、神社などで行なわれる神様への奉仕行為をいいます。

ですから、お祭りはその1部ということになります。

第51項でくわしく述べますが、**お祭りは農作業の始まりや収穫といった節目の時、あるいはご祭神に関わりのある特別な日などに行なう特別な神事なのです。**

お祭りは特別で重要な神事ですが、それだけやっていれば神様への奉仕がすむわけではありません。

毎朝のお祀りも大切な神事です。

日常の奉仕*がきちんとなされているからこそ、非日常の神事であるお祭りの意義が生きてくるのです。**

なお、神前に神饌《しんせん》（神様の食事）を捧げて1日の平安を祈る神事を日供祭《にっくさい》といい、これも厳密にはお祭りに含まれますが、本書では、特別な日に行なわれるもののみを「お祭り」と呼ぶことにします。

さて、神社の神職が担う神事は、お祭りと日供祭だけではありません。

お参りに来られた方のご祈祷《きとう》やお祓《はら》い、あるいは結婚式や神葬祭（神式の葬式）への対応もあります。工事現場での地鎮《じちん》式や上棟《じょうとう》式、場所によっては海開き・山開きでの無事故祈願といった神事もあるでしょう。

いくつかの神社を兼務している神社では、それらでの神事もあります。

境内の掃除なども大事な奉仕ですし、参拝者への神札などの授与も神事に含まれます。

用語解説

* **日常の奉仕**　以下の記述は神職が常駐する神社でのことで、常駐しない小社《しょうしゃ》や奥宮《おくのみや》などの特殊な環境の神社は日々の奉仕が行なわれないことが少なくない。

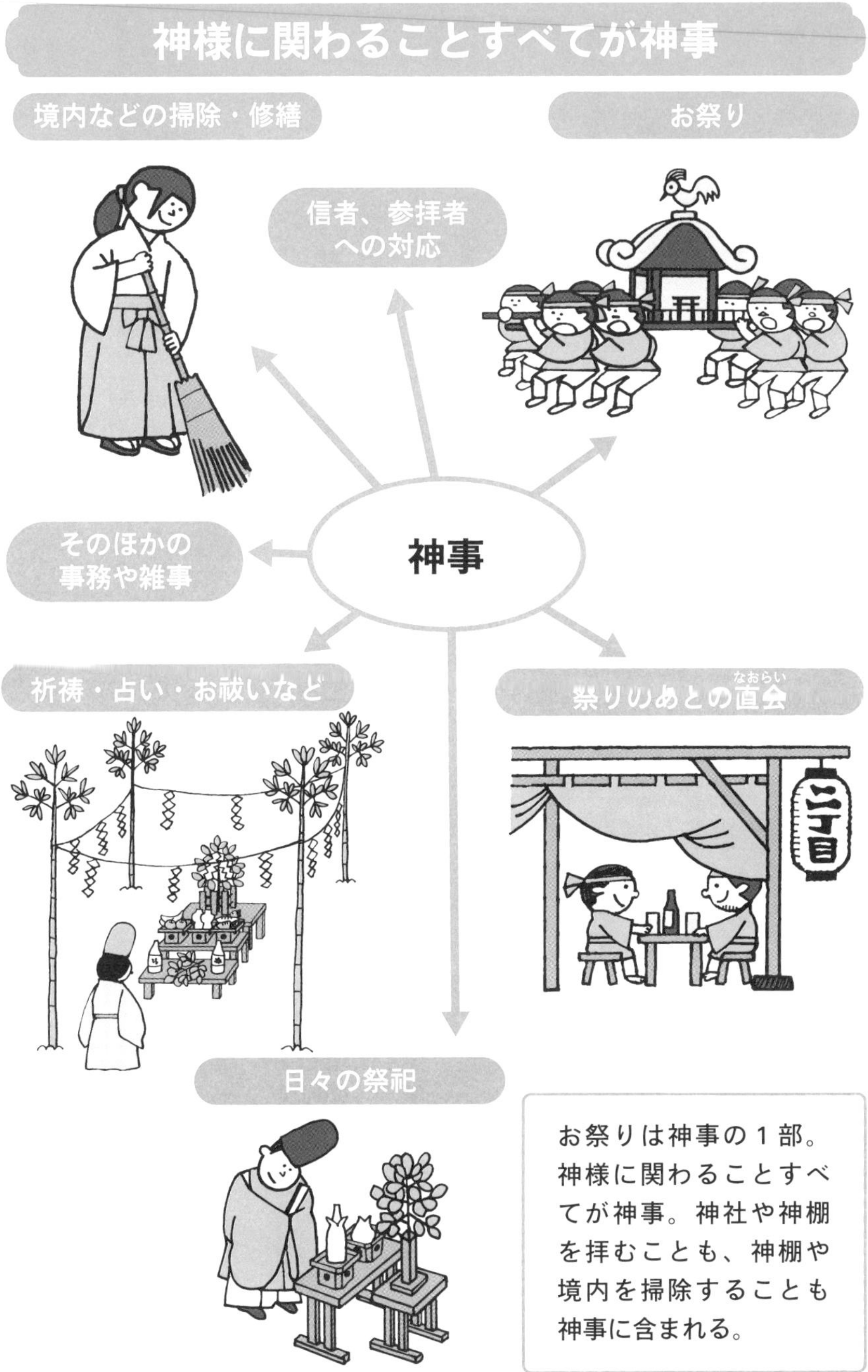

お祭りは神事の１部。神様に関わることすべてが神事。神社や神棚を拝むことも、神棚や境内を掃除することも神事に含まれる。

49 神事にはどんな目的があるの？

神様に仕え、喜ばせ、ご神徳を広め、力をいただく

もう少し神事について考えてみましょう。

前項では神社の神職のお務めとしての神事について述べましたが、**神事は神職だけが行なうものではありません。私たちも神事を行なえます。**

神輿《みこし》を担ぐなど、お祭りに参加するのはもちろん、収穫物やお酒などを奉納することや境内のゴミ拾いなどの奉仕も神事です。

こうした神事を目的によって分類してみると、次の4種になります。

1 神様に仕える

神前にお供えをして祈りを捧げること、神社・神域を清浄に保つことなどです。お祭りにはさまざまなものがありますが、その根幹部分はいずれも「神様に仕える」ということです。

2 神様を讃《たた》え喜ばせる

「神様に仕える」ことから1歩進んで、**神様のご神《しん》徳《とく》を讃えること、芸能などを奉納して喜んでいただくこと**です。

お祭りでも神輿渡御などはこれに含まれます。

3 神様の力・ご神徳を世に広める

神様に仕え、喜ばせることは重要な神事ですし、それなくして神事は成り立ちませんが、ただそれだけを行なっていたら神社はごく狭い地域の人だけにしか崇敬されることがないでしょう。

かつては御師《おし》*と呼ばれる人たちが大きな神社には所属しており、その信仰を広めていました。

4 神様の力をいただく

社殿に籠《こ》もって祈りを捧げたり、神域で滝行《たきぎょう》などを行なったりして、霊験《れいげん》を得ることも神事です。

お祭りの後に直会《なおらい》という宴《うたげ》が行なわれますが、これは神前に供えて神様の霊力が宿った供物をいただくためのものなのです。

用語解説

＊**御師**　「おし」と読むのが一般的だが、伊勢神宮では「おんしし」といった。熊野の御師がとくに有名。

神事の主な目的

1 神様に仕える

- お供えをしてお祀りをする
- 神域を整備する

2 神様を称え喜ばせる

- 神輿、山車《だし》の渡御
- 奉納芸能

3 神様の力を世に広める

- 祈祷、結婚式、葬祭、出張神事（地鎮祭など）
- 神札、御守の調整
- 神徳の宣揚《せんよう》、宣伝

4 神様の力をいただく

- 神社や神域などでの修行
- 祈祷を受ける、神事に参加する、神札を受ける
- 直会《なおらい》、お神酒《みき》をいただく

50 神輿や山車にはどんな意味があるの？

神輿は神様の乗りもの、山車は移動舞台

神輿はお祭りに欠かせないものと思われがちですが、実はそうではありません。神輿が使われないお祭りも少なくありません。

しかし、**神輿が重要な役割を果たすお祭りが多い**ことも事実です。なぜでしょうか。

その理由の1つとして、**日本の神様は移動がお好き**だということがあります。

たとえば、田の神は春に山から里に下りてきて田を見守り、秋になると山に戻って山の神になるといわれます*。

八幡宮《はちまんぐう》の総本宮である宇佐《うさ》神宮のご祭神は、東大寺の建立《こんりゅう》を助けるため、今の大分県の宇佐市から東大寺まで渡御したそうです。この時、神霊が乗ってきた輿《こし》が神輿の起源とされます。

このエピソードからわかるように、**神輿は神様が移動するための乗りものです**。実際、**神輿にはご祭神のご神体、もしくはご祭神の分霊を遷《うつ》したご神体が載せられます**。

そして、氏子《うじこ》区域などを巡って、氏子たちとの触れあいをもつのです。

神輿は担いで運ぶもの（古くは腰の位置でもちました）ですが、山車《だし》には車がついているので綱で引いて移動します。

山車の起源は、天皇の即位儀礼の1つである大《だい》嘗祭《じょうさい》で使われた標山《ひょうのやま》という山形の飾りものだったとされます。これも今の山車と同様、綱で引いたようです。

山車ももとは神様の乗りものであったようですが、しだいに囃子方《はやしかた》や演者を乗せてお囃子や芝居などを見せる移動舞台へと変貌しました。

なお、**山車の名称は地域によって異なり、屋台・だんじり・曳山《ひきやま》・鉾《ほこ》などと呼びます**。

用語解説

*田の神　こうした移動をせず、里に留まり続ける田の神もある。

神輿と山車の構造

神輿の主な各部名称

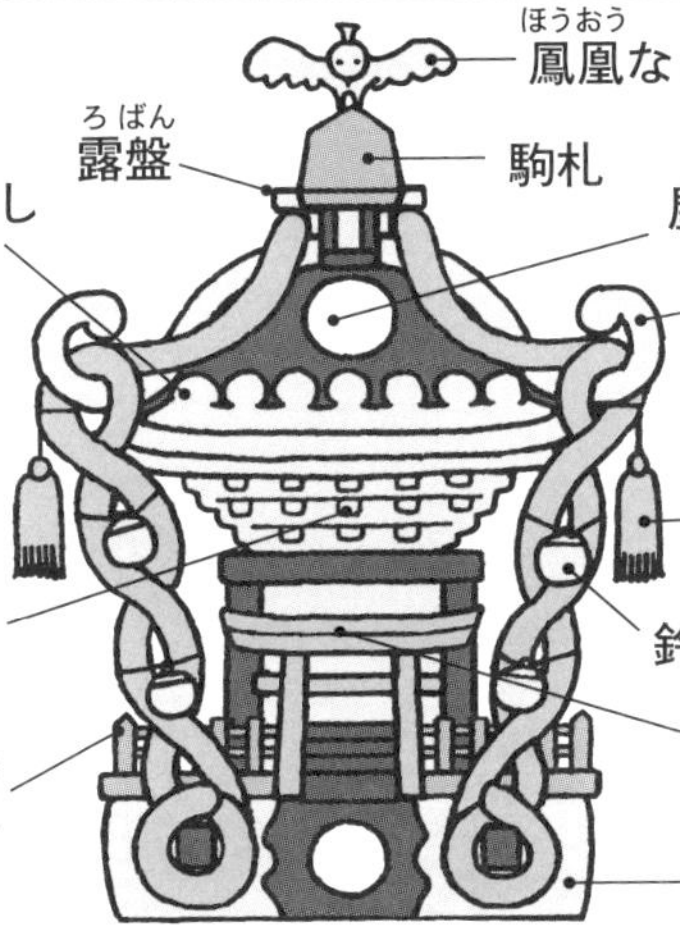

山車の主な各部名称

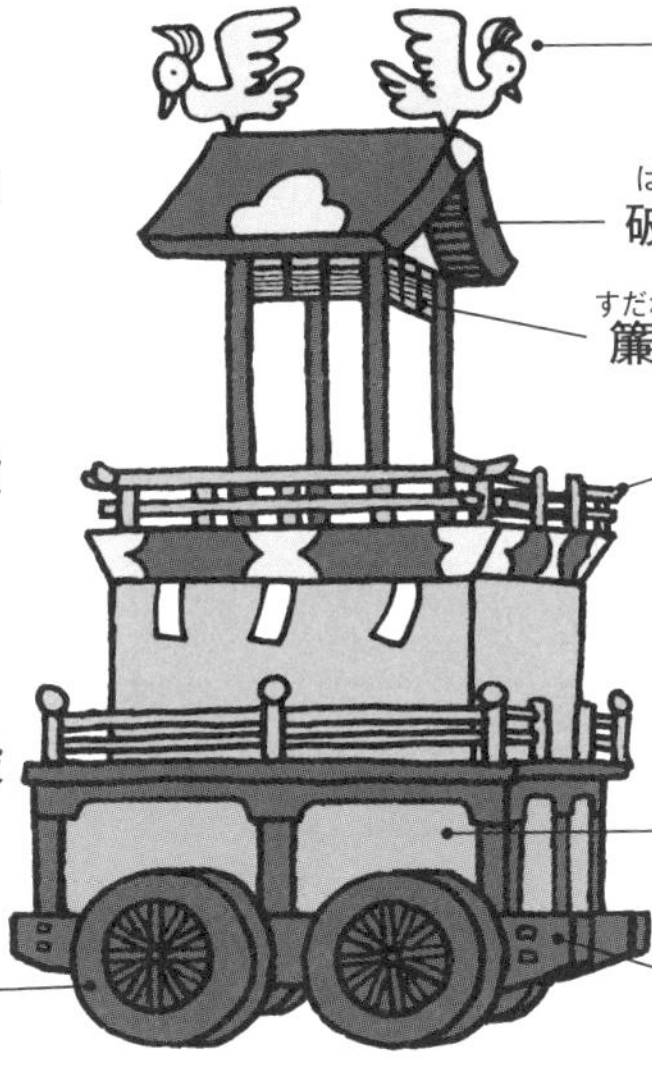

神輿や山車は日本各地のお祭りに登場するが、その構造はそれぞれに特徴があり、各部名称も異なる。ここでは一般的な部位の名称を紹介する。

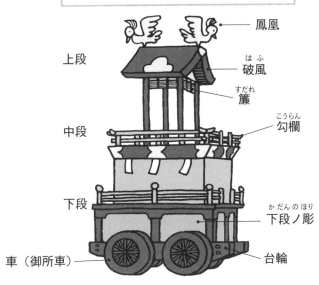

51 お祭りにはどんな種類があるの？

朝廷祭祀・村落祭祀・民間祭祀などがある

お祭りの分類の仕方もいろいろあります。

まず、**誰がお祭りを主催するかによって分類する方法**があります。

朝廷が行なう朝廷（国家）祭祀《さいし》、神社を中心とした共同体が行なう村落（神社）祭祀、1つの氏族のなかで行なわれる同族祭祀、そして、地域や家のなかで行なわれる民間祭祀*です。

このうち、**私たちがイメージするお祭りの大部分は、村落祭祀に含まれます。**

なお、朝廷祭祀は宮中で天皇が行なう宮中祭祀、朝廷が有名な神社に使者を派遣して行なう奉幣《ほうへい》祭祀、伊勢神宮で行なわれる神宮祭祀があります（現在の伊勢神宮は国家から独立し、神宮単独で祭祀を行なっている）。

お祭りが行なわれる頻度による分類もあります。

毎年行なうものを恒例祭、それ以外を臨時祭といいます。

臨時祭のうち、一定の年数（式年）ごとに行なうお祭りを式年祭《しきねんさい》といいます。

お祭りの規模や重要性で分ける方法もあります。

神社本庁の規定によりますと、神社のお祭りは大《たい》祭《さい》・中祭《ちゅうさい》・小祭《しょうさい》の3種に分けられます。

もっとも重視される大祭には、その神社特有のお祭りである例祭《れいさい》のほか、祈年祭《きねんさい》・新嘗祭《にいなめさい》などがあります（祈年祭・新嘗祭は次項参照）。

中祭には元日に行なわれる歳旦祭《さいたんさい》、1月3日の元《げん》始祭《しさい》など、小祭には毎月の1日と15日に行なわれる月次祭《つきなみのまつり》、毎朝行なわれる日供祭などがあります。

このほか**特殊性の有無（その神社でのみ行なわれているお祭りのことを特殊神事といいます）によって分ける方法もありますが**、これについては次項で述べることにします。

用語解説

＊**民間祭祀**　朝廷が主催するもの以外のお祭り（祭祀）を指す場合もある。

主なお祭りの分類

祭りを行なう主体による分類

- 朝廷（国家）祭祀
  - 宮中祭祀
  - 奉幣祭祀（名神祭など）
  - 神宮祭祀
- 村落（神社）祭祀
- 同族祭祀
- 民間祭祀

祭りの頻度による分類

- 恒例祭 ―― 毎年行なう
- 臨時祭
  - 式年祭 …… 一定期間ごとに行なう
  - その他 …… 不定期など

祭りの規模、重要さによる分類

- 大祭 ―― 例祭、祈年祭、新嘗祭など
- 中祭 ―― 歳旦祭、元始祭、神嘗奉祝祭《かんなめほうしゅくさい》
- 小祭 ―― 月次祭、日供祭、除夜祭

特殊性の有無による分類

- 一般神事 ―― どの神社も行なっているお祭り
- 特殊神事 ―― その神社のみで行なわれているお祭り

52 代表的なお祭りを教えて

全国の神社で行なわれている祈年祭と新嘗祭など

前項の最後で触れたように、**お祭りには全国共通で行なわれているものと、その神社でのみ行なわれているもの（特殊神事といいます）の2種類があります。**

まず共通で行なわれているものから説明すると、**なかでも祈年祭と新嘗祭がもっとも重要**です。

この2つのお祭りは簡単にいうと豊作祈願と収穫祭です。**祈年祭で今年の豊作を願い、新嘗祭で新穀《しんこく》を神に捧げて収穫を感謝する**のです。

もちろん日本人のすべてが稲作に従事してきたわけではありませんが、近世まで日本の基幹産業でしたので、稲の豊凶は人々の暮らしの安定に直結していました。

時には政情不安の原因にもなるので、国をあげて豊作を祈ったのです。

また、**神道《しんとう》そのものが稲作と深い関係**＊**にあった**ことも、重視される理由となっています。

これに対して特殊神事は、全国各地に個性的なお祭りがたくさんあるので「代表」を選ぶのはなかなか困難です。日本三大祭りと呼ばれるものもありますが、選者によって構成が違います。

ただ、祇園祭りはどの選者も三大祭りに入れているようなので、日本を代表するお祭りの1つといっていいでしょう。

祇園祭りは八坂《やさか》神社（京都市東山区）のお祭りで、疫病を京から追い払う行事です。

諏訪《すわ》大社（長野県諏訪市）の御柱《おんばしら》大祭は奇祭として有名です。4つある宮の四隅に巨木の柱を立てるお祭りで、古代信仰との関係が指摘されています。

出雲大社（島根県出雲市）の神在祭《かみありまつり》は全国から集まってきた神様を迎えるお祭り、伊雑宮《いざわのみや》（三重県志摩市、伊勢神宮の別宮）の御田植式《おたうえしき》は御料田《ごりょうでん》に実際に田植えをして豊年を祈るお祭りです。

用語解説

＊**稲作と深い関係**　神話ではアマテラスが孫のニニギに天上の稲を与え、稲作を地上で普及させるよう命じたとされる。

日本の代表的な祭り

一般神事

● 祈年祭と新嘗祭

新嘗祭（明治神宮）

豊作祈願と収穫祭。
神道が稲作と深く関わっていることがわかる。

特殊神事

祇園祭（八坂神社）

特殊神事は全国各地の神社で行われる独自のお祭り。なかには「奇祭」と呼ばれるお祭りも多くある。

神迎祭・神在祭（出雲大社）

御田植祭り（多賀大社／滋賀県多賀町）

53 お祭りは1年に1回だけ行なうの？

毎日、毎月、毎年行われるお祭りがある

日本人は古くから世のなかや人の生涯は、いくつかのサイクルの循環によって構成されていると考えていました。

たとえば、毎早朝に日供祭を行なうという1日のサイクル。1日・15日に月次祭を行なうというひと月のサイクル。歳旦祭・祈年祭・新嘗祭・除夜祭という1年のサイクル。

神社での神事をもとに書いてみましたが、個人の生活（人生）にも同様の1日・ひと月・1年のサイクルがあります。

そして、人の生涯も1つのサイクルと考えられていました。

現代人は一生を誕生から死へと向かう直線のようにイメージしがちですが、**かつての日本人は死者の魂は祖先の霊と一体になり、やがて人として生まれ変わると考えていました。**

これも1つの循環です。

人の生涯や神社の神事だけではありません。**社会や国家もそうした循環を繰り返しながら歴史を積み重ねてきたのです。**

お祭りはこうしたサイクル・循環が滞《とどこお》りなく進むよう行なわれるものともいえます。

したがって、決まった時期に執行されることが求められるのです。

私たちが誕生・七五三・成人・結婚といった人生の節目に参拝する*のも、この信仰に基づいています（50ページ参照）。

人間の場合、月や年の単位でサイクルを考えることになりますが、社会や国家になると10年・100年の単位で考えねばなりません。

神社の式年祭のなかに数十年ごとというものがあるのは、そうした単位に応じたものなのでしょう。

用語解説

* **人生の節目に参拝**　こうした儀礼を人生儀礼という。本文にあげたもののほか還暦や葬儀も含まれる。

日本人の信仰のサイクル

1日

日々のお祀り。
日供祭。

ひと月

毎月のお祀り。
月次祭。

1年

毎年のお祀り。
恒例祭。

式年

2～50年ごとのお祀り。
式年祭。

これは人の生涯のあり方と重なっている

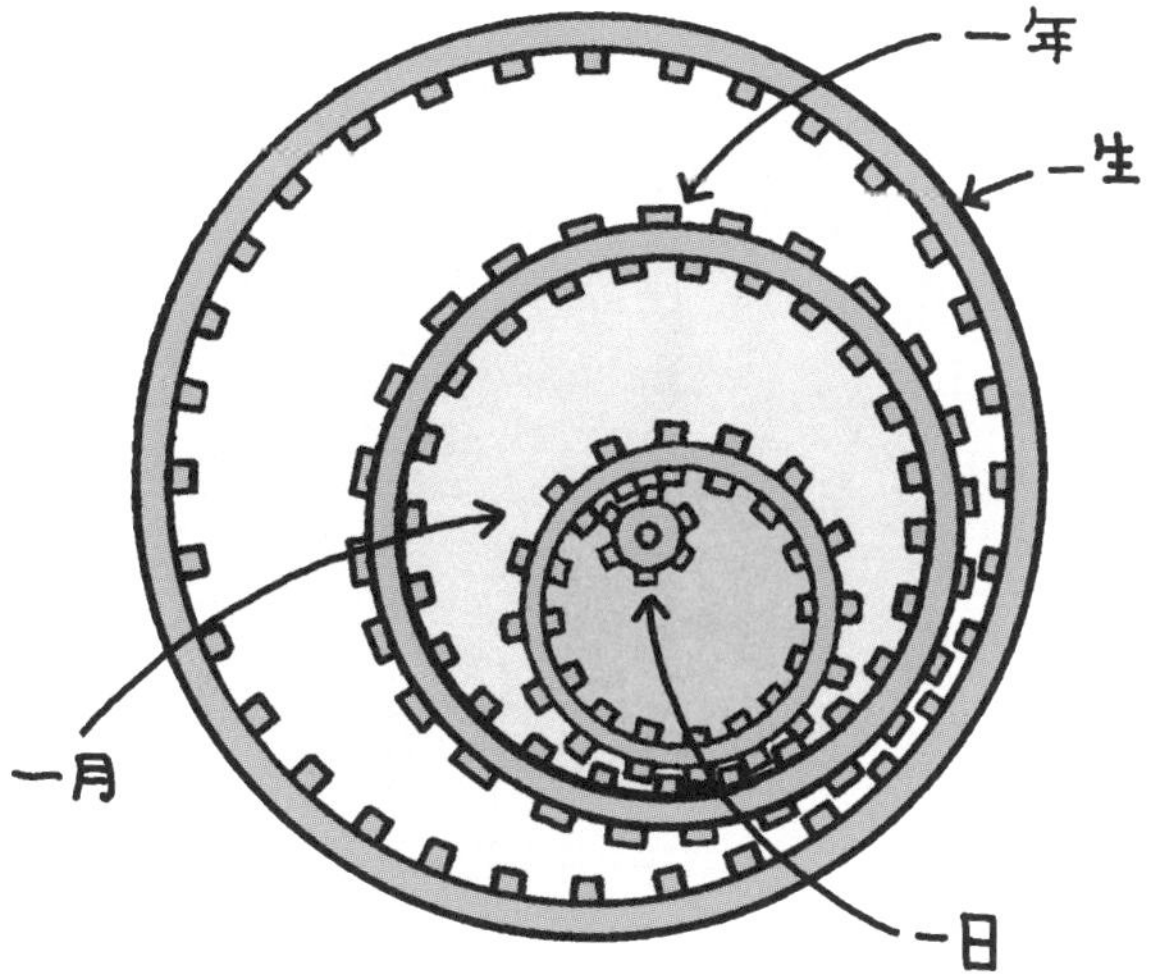

54 伊勢神宮の式年遷宮って何？

20年ごとに社殿や装束・神宝をつくり替える神事

式年遷宮《しきねんせんぐう》とは伊勢神宮（正式名称は「神宮」）でもっとも重視されている神事の1つで、20年に1度、社殿《しゃでん》とほかの建築物、御装束神宝《おんしょうぞくしんぽう》を新しくつくり替えるというものです。

定期的に新しくつくり替えるので式年造替《ぞうたい》ともいいますが、古い社殿（宮）から新しい社殿（宮）にご神体が遷《うつ》られるので遷宮といいます。

この時つくり替えられる建物は、内宮《ないくう》・外宮《げくう》の御《ご》正殿《しょうでん》のほか14の別宮の社殿など65棟に及び、宇治橋も架け替えられます。また、御装束神宝は714種1576点にもなります。

かつてはほかの神社でも式年遷宮が行なわれていましたが、莫大な費用がかかるため、次第に行なわれなくなってしまいました。上賀茂《かみがも》・下鴨神社では造替《ぞうたい》ではなく、部分的な補修に変えて式年遷宮の制度を維持しています。

でも、なぜ20年おきに社殿などをつくり替える必要があるのでしょうか。

建物の耐用年数や技術の継承*のうえで適切な期間とする説がありますが、根底には神様に真新しい社殿や神宝を使っていただきたいという信仰があることは疑いありません。

新たな社殿や新たな神宝を捧げることによって、神様は若返り、霊力を新たにすると考えられていました。これを「常若《とこわか》」といいます。

伊勢神宮では毎年10月15日から25日にわたって行なわれる神嘗祭《かんなめさい》（神宮でお祀りされる神々に新穀を捧げる神事）に際して、御装束や祭具を新しくすることになっています。

これも常若のためです。

式年遷宮はこの神嘗祭をより丁重に、より完璧に行なうものだということができます。

用語解説

＊**技術の継承**　伊勢神宮の式年遷宮では建築や神宝類を寸分違《たが》わずつくり直すため、古代の技術がそのまま受け継がれてきた。

式年遷宮スケジュール

山口祭

木本祭《このもとさい》

御杣始祭《みそまはじめさい》

御樋代木《みひしろぎ》奉曳式《ほうえいしき》

御船代祭《みふなしろさい》

御木曳初式《おきひきぞめしき》

木造始祭《こづくりはじめさい》

御木曳《おきひき》 行事（第一次）

仮御樋代木《かりみひしろぎ》 伐採式

御木曳行事（第二次）

鎮地祭

宇治橋渡始式《わたりはじめしき》

立柱祭

御形祭《ごぎょうさい》

上棟祭

檐付祭《のきつけさい》

甍祭《いらかさい》

御白石持《おしらいしもち》 行事

御戸祭《みとさい》

御船代《みふねなしろ》 奉納式

洗清《あらいきよめ》

心御柱《しんのみはしら》 奉建

杵築祭《こつきさい》

後鎮祭《ごちんさい》

御装束神宝読合《おんしょうぞくしんぽうとくごう》

川原大祓《かわらおおはらい》

御飾《おかざり》

遷御

大御饌《おおみけ》

奉幣

御神楽御饌《みかぐらみけ》

御神楽《みかぐら》

荒祭宮《あらまつりのみや》・多賀宮遷御《たかのみやのせんぎょ》

十二別宮の遷御

伊勢神宮では 20 年に 1 度、社殿、御装束、神宝を新しくする（第 18 項参照）

著者紹介

渋谷 申博（しぶや のぶひろ）

宗教史研究家。1960 年、東京都生まれ。神道・仏教などに関わる執筆活動をするかたわら、全国の社寺・聖地・聖地鉄道などのフィールドワークを続けている。近著に、『眠れなくなるほど面白い 図解 神道』『眠れなくなるほど面白い 図解 聖書』『眠れなくなるほど面白い 図解 仏教』（以上、日本文芸社）、『図解 はじめての神道と仏教』（ワン・パブリッシング）、『カラー版 神社に秘められた日本書紀の謎』（宝島社）、『一生に一度は参拝したい全国のお寺めぐり』『一生に一度は参拝したい全国の神社めぐり』（以上、ジー・ビー）などがある。

参考文献

『〔縮刷版〕神道事典』國學院大學日本文化研究所編（弘文堂）
『神道いろは』神社本庁教学研究所監修（神社新報社）
『神社のいろは』神社本庁監修（扶桑社）
『日本史小百科　神道』伊藤聡・遠藤潤・松尾恒一・森瑞枝（東京堂出版）
『宮中祭祀』中澤伸弘（展転社）

眠《ねむ》れなくなるほど面白《おもしろ》い
図解《ずかい》 神社《じんじゃ》の話《はなし》

2020 年 10 月 10 日　第 1 刷発行
2024 年 10 月 20 日　第10刷発行

著　者　渋谷 申博《しぶや のぶひろ》
発行者　竹村 響
印刷所　株式会社 光邦
製本所　株式会社 光邦
発行所　株式会社日本文芸社
〒100-0003 東京都千代田区一ツ橋 1－1－1　パレスサイドビル 8 F
URL https://www.nihonbungeisha.co.jp/

Printed in Japan 112200925-112241008 Ⓝ 10　(300039)
ISBN978-4-537-21832-9
編集担当・水波 康

乱丁・落丁などの不良品、内容に関するお問い合わせは
小社ウェブサイトお問い合わせフォームまでお願いいたします。
ウェブサイト　https://www.nihonbungeisha.co.jp/